Gracia para Transformar
La Adversidad en Prosperidad

Dr. John Aniemeke

Gracia para Transformar la Adversidad en Prosperidad

Copyright ©2025 **John Aniemeke**

ISBN de tapa blanda: 978-1-965593-29-5

Todos los derechos reservados. Ninguna parte de esta publicación puede ser reproducida, distribuida ni transmitida de ninguna forma ni por ningún medio, incluyendo fotocopia, grabación, o otros métodos electrónicos o mecánicos, sin el previo permiso por escrito del autor, excepto en el caso de citas breves incluidas en reseñas y ciertos otros usos no comerciales permitidos por la ley de derechos de autor. A menos que se indique lo contrario, las citas de las Escrituras designadas como KJV son tomadas de la Versión Reina-Valera®. Copyright © 1982 por Thomas Nelson. Usado con permiso.

Publicado por Cornerstone Publishing
Una división de Cornerstone Creativity Group LLC
Info@thecornerstonepublishers.com
www.thecornerstonepublishers.com

Contacto del autor

Para contratar al autor para hablar en su próximo evento o para pedir copias al por mayor de este libro, por favor use este correo electrónico:

janiemeke@yahoo.com

Impreso en los Estados Unidos de América.

PRÓLOGO

¿Alguna vez te has preguntado por qué llamamos a la gracia, asombrosa? Bueno, mi amigo el Dr. John Aniemeke nos ayuda a entender un poco mejor esta verdad en su libro, *Gracia para Transformar la Adversidad en Prosperidad*. Es cierto que nuestras actitudes determinan nuestras acciones. Nuestras actitudes no impedirán que los problemas lleguen a nuestro camino, pero una actitud llena de gracia puede ayudarnos a atravesar nuestra adversidad y evitar que seamos saboteados por la autocompasión.

El Dr. Aniemeke demuestra claramente que la gracia es un verbo, no un sustantivo. Nos muestra que la gracia nos libera para ser todo lo que Dios nos ha creado para ser, y que la gracia nos equipa para manejar la adversidad de manera efectiva.

Mientras lees este libro, te encontrarás citando 2 Corintios 12:9 "Mi gracia es suficiente para ti, mi poder se perfecciona en la debilidad"; o quizás te encuentres cantando algunas de las letras de "Your Grace Is Enough" de Chris Tomlin.

Grande es Tu fidelidad, oh Dios
Luchas con el corazón del pecador
Nos conduces juntoa aguas tranquilas y hacia la misericordia
Y nada puede separarnos.
Grande es Tu amor y justicia, Dios
Usas a los débiles para guiar a los fuertes
Nos guías en el cántico de Tu salvación
Y todo Tu pueblo canta junto
Dios, veo que Tu gracia es suficiente
Estoy cubierto en Tu amor.

Así que recuerda a Tu pueblo
Recuerda a Tus hijos
Recuerda Tu promesa
Oh Dios.

Tu gracia es suficiente
Tu gracia es suficiente
Tu gracia es suficiente para mí.

Este libro edificará tu fe, para apoyarte en la gracia de Dios cuando la adversidad golpee.

Rev. Dr. Doug Clay
Superintendente General,
Asambleas de Dios, EE. UU.

Este libro está dedicado a Dios y a todos los creyentes que han enfrentado, o están enfrentando actualmente, los desafíos de la vida, confiando y creyendo en Dios por Su intervención divina. ¡Que el Señor convierta lo que el enemigo quiso para mal en bien para ti, en el poderoso nombre de Jesús!

Índice

PRÓLOGO..3

PREFACIO...8

1. LA ESCUELA DE LA ADVERSIDAD........................11

2. RAÍCES DE LA ADVERSIDAD.............................27

3. POR QUÉ LOS JUSTOS SUFREN ADVERSIDAD................47

4. GRACIA QUE CONQUISTA LA ADVERSIDAD..................69

5. ACTITUDES ERRÓNEAS EN LA ADVERSIDAD.................85

6. PASOS HACIA EL AVANCE EN LA ADVERSIDAD..............99

7. CLAVES ADICIONALES PARA EL ROMPIMIENTO EN LA ADVERSIDAD...............117

PREFACIO

Dos investigadores escribieron un libro sobre más de 400 personas famosas y increíblemente talentosas que hicieron una diferencia en la historia. Querían descubrir qué hacía tan grandes a estas personas. Examinaron lo que tenían en común. Lo que más destacó fue que todos estos superhéroes tuvieron que superar dificultades para llegar a ser quienes eran. En resumen, todos se graduaron de la escuela de la adversidad.

Este descubrimiento coincide con lo que otros estudios han mostrado a lo largo de los años. Podemos ver dos grandes verdades aquí. Primero, la adversidad —es decir, los tiempos difíciles— es algo que todos experimentan, especialmente aquellos que están destinados a hacer grandes cosas en la vida.

Para nosotros, los que creemos en Jesús, la bendición especial de Dios sobre nuestras vidas y la esperanza en nuestros corazones nos convierten en objetivos seguros para los problemas de la vida. Mientras que Dios siempre trata de moldearnos y hacernos mejores para Su obra, el enemigo también quiere distraernos, desanimarnos y sacarnos del camino. Es por eso que hay momentos en los que nos sentimos probados y comenzamos a cuestionar nuestra fe, nuestra fortaleza e incluso nuestra creencia en la bondad y el poder de Dios.

La segunda verdad, algo triste, es que no todos vencen la adversidad. De hecho, para la mayoría de las personas, su viaje por la vida a menudo termina en el desierto de la adversidad, al igual que lo que les sucedió a los hijos de Israel en la Biblia. ¡Pero no queremos que esa sea tu historia!

La buena noticia es que, como creyentes, tenemos una mayor oportunidad de salir adelante gracias a la ayuda de Dios. Su gracia no está solo para que superemos la adversidad, sino para que nos levantemos, prosperemos e incluso crezcamos a través de ella. Este libro comparte el secreto para desbloquear esta gracia, usando el ejemplo de una mujer extraordinaria de la Biblia.

Oro para que, al leer y vivir las lecciones de este libro, experimentes el favor extraordinario de Dios que puede transformar la adversidad sombría en un éxito asombroso. ¡Que tus luchas actuales inspiren historias de fe para muchas generaciones!

LA ESCUELA DE LA ADVERSIDAD

1

"He aquí, te he refinado, pero no como a plata; te he escogido en el horno de la aflicción." – Isaías 48:10

Puede que hayas oído, una y otra vez, que cierta gran persona, que ha transformado positivamente el mundo, nunca asistió a una universidad académica. Lo que nunca oirás, sin embargo, es que tal individuo logró la grandeza sin haber pasado por la "Universidad de la Adversidad".

Esta institución, conocida como la "academia de las tribulaciones," es el campo de batalla donde se moldea y perfecciona nuestro carácter, resistencia y sabiduría para lograr un éxito duradero. Además, las diversas experiencias de los estudiantes matriculados en esta academia, que recorren sus diversos departamentos, hacen que sus relatos sean tan estimulantes y edificantes.

En ciertos casos, estas narrativas son meticulosamente documentadas y conservadas para las generaciones futuras. El objetivo es que estos relatos actúen como catalizadores y pioneros para las eras venideras de vencedores. La Biblia está llena de estas sagas transformadoras de individuos cuyas experiencias nos brindan principios poderosos para convertir la adversidad cruda en una prosperidad resplandeciente.

Una de estas figuras notables es Rut, la estimada bisabuela del rey David. La impresionante historia de cómo Dios transformó la marca de la adversidad en su vida en una plataforma de lanzamiento para la prosperidad es la piedra angular de nuestras discusiones en este libro. Su viaje de metamorfosis, tal como se captura en el libro bíblico que lleva su nombre, es fascinante y altamente instructivo para cualquiera que anhele presenciar un cambio en medio de los valles de la adversidad.

No obstante, antes de profundizar en los detalles de la historia de Rut, examinemos brevemente los términos clave que constituyen la base para el viaje en el que estamos a punto de embarcarnos.

LA NATURALEZA DE LA ADVERSIDAD

Un hombre respetado de Dios dijo una vez: *"Todos pasaremos un tiempo en un lugar llamado la Universidad de la Adversidad. Sé que tal vez no sea tu escuela de elección, pero todos pasaremos un tiempo allí... Tendremos que tomar algunas clases rigurosas que serán impartidas por el Dr. Dolor y el Profesor Desdicha. Porque todos tendremos que sentarnos en el aula y en el laboratorio para aprender algunas cosas que no se pueden aprender en ningún otro lugar..."*

Esta afirmación es completamente cierta. La vida le sucede a todos, incluso a los creyentes más consagrados. A menudo se dice que todo ser humano que encontramos a diario está ya atravesando alguna adversidad, acaba de salir de una adversidad, o está por entrar en una. La Biblia lo afirma en Job 14:1, diciendo: *"El hombre que nace de mujer, corto de días y hastiado de sinrazón..."*

Entonces, ¿qué es la adversidad? La adversidad es una experiencia desagradable de dificultad, problemas, angustia, sufrimiento y infortunio. Puede ser una situación, evento o experiencia extremadamente desfavorable que persiste por un tiempo. El Diccionario Bíblico de la Reina Valera la describe como "un evento, o una serie de eventos, que se oponen al éxito o al deseo; infortunio; calamidad; aflicción; angustia; estado de infelicidad."

Tales experiencias pueden incluir fracasos, enfermedades, accidentes, discapacidades físicas, luchas de salud mental, tormentas emocionales, discriminación social, ataques espirituales, ruina financiera, conflictos en relaciones, desempleo, respuestas demoradas a oraciones, y más.

El dolor, la humillación y el tormento que tales eventos desafiantes o adversos infligen tanto al cuerpo como al espíritu pueden ser, en ocasiones, incomprensibles y desgarradores. En algunos casos, la sincera compasión y comprensión de nuestros semejantes pueden ofrecer consuelo, pero no pueden sanar las heridas que alcanzan lo más profundo del alma. Solo la gracia de Dios puede revivir, rejuvenecer y sanar completamente un alma marcada o quemada por las llamas de la adversidad.

Además, aunque la atención médica puede aliviar indudablemente un cuerpo sufriente, solo a través de la gracia de Dios puede un destino obstaculizado cruzar de la adversidad a la prosperidad. La verdad es que Dios está profundamente interesado en nuestro bienestar, y siempre está listo para orquestar un cambio a nuestro favor con Su gracia ilimitada.

GRACIA PARA LA PROSPERIDAD

La gracia se refiere al amor, la misericordia y el favor inmerecidos e indeseados de Dios. Abarca la bondad y el amor de Dios hacia los no dignos e incapaces. El Diccionario Bíblico de Nelson da un significado más claro de "gracia": "Favor o bondad mostrada sin tener en cuenta el valor o mérito de quien la recibe y a pesar de lo que esa misma persona merece."

Este es el mismo tipo de gracia que transformó la vida, el destino y la descendencia de Rut. De hecho, algunas otras palabras o expresiones para la gracia que Dios anhela activar en tu vida, como lo hizo con Rut, incluyen: recompensas divinas, elevación celestial, ayuda celestial, establecimiento divino, promoción celestial, abundancia divina, aniquilación espiritual y física de barreras, avances, cruzar límites, puertas abiertas, elevarse a nuevas alturas, abrir nuevos territorios, hacer nuevas conexiones, descubrir oportunidades acompañadas de desafíos superables, prosperidad integral, tranquilidad, fructificación, progreso loable, cumplimiento de las promesas de Dios, ascensión, mejora notable, progreso significativo, celebraciones alegres, surgimiento sobrenatural, proclamación divina, visita celestial, selección divina, relevancia celestial, reconocimiento único, alabanza alegre, recuerdo divino, asistencia extraordinaria, crecimiento notable, misericordia ilimitada, alegría inigualable, ideas innovadoras, resultados extraordinarios, buenas nuevas, reversiones divinas, unción aumentada, alcanzar nuevos niveles, escalar cumbres mayores, asistencia al destino, victoria ilimitada, derramamiento inconmensurable del Espíritu Santo, nuevas revelaciones, destino imparable y un espíritu de excelencia que te distingue.

La prosperidad está íntimamente ligada a la gracia. Representa el bienestar, el éxito, la buena suerte, el crecimiento y los logros envidiables. Una perspectiva más amplia la ve como algo que incluye lo siguiente: felicidad emocional o el gozo de relaciones florecientes con los demás; bienestar físico y libertad de enfermedades; estabilidad mental y capacidad para aprender y razonar claramente; prosperidad espiritual relacionada con la libertad del pecado, vivir rectamente y mantener una relación inquebrantable con Dios; hacer realidad las promesas y bendiciones de Dios en la vida y transmitirlas a otros; así como prosperidad financiera, que implica tener abundancia o fondos más que suficientes para satisfacer las propias necesidades y las de los demás.

Las Escrituras también coinciden con esta perspectiva amplia de la prosperidad en 3 Juan 2, diciendo: *"Amado, yo deseo que tú seas prosperado en todas las cosas, y que tengas salud, así como prospera tu alma."* Esto muestra que Dios es la fuente de la gracia, con la cual podemos hacer la transición triunfante de la adversidad a la prosperidad. Todas las bendiciones que Dios tiene para nosotros al otro lado de la adversidad solo pueden ser recibidas basadas en Su misericordia y gracia. Él ha expresado Su amor infinito, misericordia y favor a través de numerosas promesas infalibles con las que podemos hacer la transición de la adversidad a la prosperidad plena.

Ahora, volvamos a Rut.

ANTECEDENTES DE LA HISTORIA DE RUT

"Aconteció que en los días en que gobernaban los jueces, hubo hambre en la tierra. Y un hombre de Belén de Judá fue a morar en los campos de Moab, él, y su mujer, y sus dos hijos. El nombre de aquel hombre era Elimelec, y el

nombre de su mujer Noemí, y los nombres de sus dos hijos, Mahlón y Quilión, efrateos de Belén de Judá. Y llegaron a los campos de Moab, y se quedaron allí. Y murió Elimelec, marido de Noemí, y quedó ella con sus dos hijos, los cuales tomaron para sí mujeres de las moabitas; el nombre de una era Orfa, y el nombre de la otra, Rut; y habitaron allí como diez años. Y murieron también ambos, Mahlón y Quilión, quedando así la mujer desamparada de sus dos hijos y de su marido. Entonces se levantó con sus nueras, para que volviese de los campos de Moab, porque oyó en el campo de Moab que Jehová había visitado a su pueblo dándole pan. Salió, pues, del lugar donde había estado, y con ella sus dos nueras; y comenzaron a volverse al pueblo de Judá. Y Noemí dijo a sus dos nueras: Id, volveos cada una a la casa de su madre; Jehová haga con vosotras misericordia, como la habéis hecho con los muertos y conmigo... Y alzaron su voz, y lloraron otra vez; y Orfa besó a su suegra, pero Rut se quedó con ella. Y dijo: He aquí, tu cuñada se ha vuelto a su pueblo y a sus dioses; vuélvete tú tras ella. Y Rut respondió: No me ruegues que te deje, y que me aparte de ti; porque adondequiera que tú fueres, iré yo; y dondequiera que vivieras, viviré; tu pueblo será mi pueblo, y tu Dios mi Dios; donde tú murieres, moriré yo, y allí seré sepultada. Jehová me haga así, y aún me añada, que solo la muerte hará separación entre nosotras dos. Viendo Noemí que estaba resuelta a ir con ella, dejó de hablarle." (Rut 1:1-18)

Como ya sabrás, la historia de Rut se desarrolla hasta el último capítulo y verso del libro (Rut 4:22). La historia comienza con el relato de Elimelec, Noemí y sus hijos, Mahlón y Quilión, la familia en la que Rut finalmente entró y que sirvió como trampolín para el cumplimiento de su destino divino. Más adelante profundizaremos en los pormenores de la familia de Elimelec y su desafortunada reubicación a Moab, pero por ahora, dirijamos nuestra atención a nuestra protagonista, Rut.

Como todos, Rut no eligió a sus padres ni su lugar de nacimiento. Nació y creció en Moab, una ciudad famosa por su maldición y su vergonzoso pasado. Sus habitantes eran infames por su inmoralidad sexual e idolatría. Sus deidades eran Baalpeor y Quemos, los cuales Rut probablemente fue educada para adorar hasta que conoció a los portadores de la gracia que se habían mudado a la ciudad. Este encuentro sería clave para provocar la notable transformación en su destino.

Sin embargo, Rut fue golpeada por una poderosa ola de adversidad antes de esto.

Probablemente, Rut tenía grandes sueños antes de caminar hacia el altar con el amor de su vida. Mahlón era todo lo que ella deseaba y tenía todas las cualidades para cautivar su corazón. Lo logró, y comenzaron su vida juntos, una fase de luna de miel que ella esperaba que durara una eternidad. Trágicamente, la calamidad golpeó, separándolos permanentemente. Su sueño de cultivar una familia amorosa y criar hermosos hijos con su esposo fue abruptamente destrozado. Lo perdió sin un hijo, que podría haberle dado consuelo y felicidad. Es comprensible que estuviera desconsolada y triste.

Sin embargo, Dios siempre tiene una manera de convertir nuestros momentos más oscuros en nuestras mayores victorias. Como descubrirás en los siguientes capítulos, la historia de Rut comenzó como una narrativa de tristeza y desesperación y concluyó como un testimonio de gloria y dominio. En el transcurso de cuatro capítulos, sus circunstancias cambiaron drásticamente mientras recibía un favor sin igual. Y visualizo que la misma transformación se desplegará ante ti antes de que termines de leer este libro. Además, Rut dio varios pasos sabios, que en conjunto con la gracia de Dios, resultaron en un ascenso extraordinario que sigue asombrando e inspirando a generaciones de la humanidad.

Rut 4:13-22 dice acerca de su final:

"Así Boaz tomó a Rut, y ella fue su mujer; y cuando él se unió a ella, el SEÑOR le dio concepción, y ella dio a luz un hijo. Y las mujeres dijeron a Noemí: Bendito sea el SEÑOR, que no te ha dejado hoy sin un pariente, para que su nombre sea famoso en Israel. Y será para ti restaurador de la vida, y sustentador de tu vejez; porque tu nuera, que te ama, que es mejor para ti que siete hijos, le ha dado a luz. Y Noemí tomó al niño, y lo puso en su regazo, y fue su nodriza. Y las vecinas le pusieron nombre, diciendo: A Noemí le ha nacido un hijo, y le pusieron por nombre Obed; él es el padre de Isaí, el padre de David. Estas son las generaciones de Fares: Fares engendró a Esrom, y Esrom engendró a Ram, y Ram engendró a Aminadab,

y Aminadab engendró a Nahsón, y Nahsón engendró a Salmón, y Salmón engendró a Boaz, y Boaz engendró a Obed, y Obed engendró a Isaí, y Isaí engendró a David."

A pesar de su trasfondo pagano manchado y vergonzoso, y frente a la adversidad, el sufrimiento y la angustia, Rut emergió como una pionera y portadora del estandarte. Logró lo que ningún otro moabita podría haber imaginado. Rut fue trasladada a la bendita comunidad de Belén-Judá y posteriormente se le dio una posición prestigiosa en la genealogía de David y Cristo.

La pregunta surge nuevamente: ¿cómo llegó Rut a tales alturas extraordinarias? El favor divino la encontró. La gracia la señaló, y Dios la elevó. Ella encarnó características loables, mostró cualidades específicas y tomó decisiones sabias que se sinergizaron para elevarla. Al obtener sabiduría de su historia, visualizo que serás elevado más allá de tus sueños más salvajes en el nombre de Jesús.

¿POR QUÉ EL ÉNFASIS EN RUT?

La historia de Rut es particularmente notable para nosotros por algunas razones. Ella es la única mujer a la que la

Biblia describe expresamente como "virtuosa." Esto no quiere decir que la virtud sea exclusivamente femenina o que Rut fuera la única mujer virtuosa en la Biblia. Pero, es digno de mención que, aunque la virtud se da por implícita al describir a muchas otras mujeres en las Escrituras, leemos en Rut 3:11 que Boaz combina los informes previos de otros con su propia observación para decir de Rut: *"...ahora, hija mía, no temas; haré contigo todo lo que requieres; porque toda la ciudad de mi pueblo sabe que eres UNA MUJER VIRTUOSA."*

En otras palabras, antes de que Boaz viera a esta joven viuda, los habitantes del pueblo que habían interactuado con ella atestiguaron su santidad, una reputación que llegó a sus oídos y que eventualmente le otorgó un cheque en blanco que la catapultó de la adversidad a la prosperidad. Su viaje a través de las corrientes de la adversidad, emergiendo con un derramamiento innegable de gracia y favor sobre su vida, disipará cualquier nube de confusión y desesperación de nuestras mentes, revelando nuestro futuro más brillante.

En segundo lugar, cómo Rut rompió con la maldición de su ascendencia y la prohibición de 400 años sobre las relaciones interétnicas fuera de su tierra natal para convertirse en un símbolo internacional nos inspirará a superar proactivamente o aprovechar al máximo cada adversidad que encontremos.

En tercer lugar, "Rut" es el único libro en la Biblia que lleva el nombre de una mujer de origen gentil. Cuarto, Rut no solo llevó la gracia que transforma la adversidad en prosperidad; también dio a luz y dejó un legado de prosperidad para el mundo. Esta mujer triunfante tiene muchas lecciones para aquellos que buscan conquistar los desafíos de la vida.

En resumen, la historia de Rut trae buenas noticias para ti, querido lector: su viaje de dura adversidad a prosperidad, encapsulado en su libro de cuatro capítulos, será reflejado en tu vida por el poder inmutable de Dios. ¡Independientemente de tu pasado o de lo que haya ocurrido en tu familia o ascendencia, Dios está preparando para sorprenderte, y tu historia también se convertirá en una maravilla para muchos!

RAÍCES DE LA ADVERSIDAD

2

"El sufrimiento y el dolor nunca están sin propósito. Nunca están sin causa. Para el creyente en Cristo, el sufrimiento y el dolor nunca ocurren sin una eventual resolución." – Steve Swartz

Una de las principales preguntas que surge cuando alguien – especialmente un creyente en Cristo – está atravesando una situación difícil es, *¿por qué tuvo que ocurrir esto?* Los demás moabitas podrían haberle hecho a Rut la misma pregunta cuando perdió a su esposo bajo circunstancias misteriosas.

Así que, cuando la esperanza de una relación marital floreciente se corta dolorosamente, o cuando una visión otorgada por Dios de repente parece transformarse en una pesadilla despierta, ¿dónde recae la culpa? Cuando enfrentamos fracasos, decepciones, discordia marital, reveses financieros o largos retrasos en los avances anticipados, surgen confusión y tristeza, acompañadas de una pregunta familiar.

Del mismo modo, la destrucción brutal y las catástrofes derivadas de desastres naturales como huracanes, tifones, ciclones, trombas marinas, micro ráfagas, haboobs, derechos, tormentas eléctricas, terremotos y deslizamientos de tierra también provocan esta crítica pregunta: ¿por qué ocurren cosas malas? Frente a la adversidad, nos quedamos buscando respuestas.

REVISA LA BASE

Salmos 11:3 plantea una pregunta pertinente y que invita a la reflexión: *"Si los cimientos son destruidos, ¿qué puede hacer el justo?"* De hecho, hay muchos problemas fundamentales detrás de la mayoría de las adversidades que afligen a la humanidad. Para Rut, cuyo nombre significa notablemente "Piedad", crecer en el suburbio de su ciudad natal de Moab siempre fue sombrío y agotador, especialmente con historias de desgracias, infortunios, sueños abortados, muertes misteriosas y deterioro que cubrían el horizonte.

La primera razón de estas miserias es que la base de la tierra ancestral de Rut estaba impregnada de incesto abominable. Moab, quien fundó la ciudad, fue producto de la relación incestuosa entre Lot y su primera hija después de la destrucción de Sodoma y Gomorra. Génesis 19:30-38 narra:

"Y Lot subió de Zoar, y habitó en el monte, él y sus dos hijas con él; porque temía habitar en Zoar, y habitó en una cueva, él y sus dos hijas. Y la mayor dijo a la menor: Nuestro padre es viejo, y no hay hombre en la tierra que entre a nosotras, conforme a la costumbre de toda la tierra; ven, emborraremos a nuestro padre con vino, y nos acostaremos con él, para que conservemos la descendencia de nuestro padre. Y emborracharon a su padre aquella noche; y la mayor entró y se acostó con su padre, y él no sintió cuando se acostó ella, ni cuando se levantó. Y sucedió al día siguiente que la mayor dijo a la menor: He aquí, yo me acosté anoche con mi padre; emborraquémoslo también esta noche, y ve tú y acuéstate con él, para que conservemos la descendencia de nuestro padre. Y emborracharon a su padre también aquella noche; y la menor se levantó, y se acostó con él, y él no sintió cuando se acostó ella, ni cuando se levantó. Así fueron ambas las hijas de Lot, embarazadas de su padre. Y la mayor dio a luz un hijo, y llamó su nombre Moab; este es el padre de los moabitas hasta hoy. Y la menor también dio a luz un hijo, y llamó su nombre Benamí; este es el padre de los amonitas hasta hoy."

Proveniendo de una base tan depravada, los moabitas naturalmente eran dados a las perversiones sexuales. Y dado que "la paga del pecado es muerte", hay diferentes pronunciamientos de juicio de Dios sobre ellos a lo largo de la Biblia. Además, según el libro de los Jueces, cada vez que los hijos de Israel desobedecían a Dios, Él los entregaba en manos de sus enemigos hasta que se arrepentían. Lo que esto nos revela es que la adversidad puede llegar para hacer jaque mate al pecado. La presencia del pecado atrae castigo para redirigir nuestros pasos al camino de la justicia. El propio David testificó: *"Antes de ser afligido, andaba errante; pero ahora he guardado tu palabra"* (Salmos 119:67). Un buen ejemplo de tales momentos de aflicción fue cuando el niño que tuvo de su relación adúltera con Betsabé se enfermó. Él oró repetidamente por la sanidad del niño, pero no obtuvo respuesta favorable.

En segundo lugar, la tierra de Moab estaba bajo una pesada maldición divina. Deuteronomio 23:3-6 dice:

"Un amonita o un moabita no entrará en la congregación del SEÑOR; ni aun hasta la décima generación no

entrarán en la congregación del SEÑOR para siempre: porque no os salieron al encuentro con pan y agua en el camino cuando salisteis de Egipto; y porque contrataron contra ti a Balaam hijo de Beor de Petor de Mesopotamia, para que te maldijera. Pero el SEÑOR tu Dios no quiso escuchar a Balaam; y el SEÑOR tu Dios convirtió la maldición en bendición para ti, porque el SEÑOR tu Dios te amaba. No procurarás su paz ni su bienestar todos tus días para siempre."

La tercera razón de las miserias de los moabitas es que eran idólatras, lo que atrajo una gran desilusión de parte de Dios. Como declara el Salmo 16:4, *"Sus dolores se multiplicarán los que corren tras otro dios..."*

Más específicamente para la familia de Elimelec y Rut, hay algunos puntos más que deben tenerse en cuenta al considerar las raíces de sus tribulaciones. Los arrebatos de Noemí en Rut 1:20-21 se referían a la disciplina divina. Cuando ella y Rut regresaron a Belén, les dijo a su gente: *"No me llaméis Noemí, llamadme Mara; porque el Todopoderoso me ha tratado muy amargamente. Salí llena, y el SEÑOR me ha vuelto vacía; ¿por qué me llamáis Noemí, viendo que el SEÑOR ha testificado contra mí, y el Todopoderoso me ha afligido?"* Es digno de elogio que ella fuera lo suficientemente perspicaz como para darse cuenta de esto. La reubicación a Moab había sido impulsada por presiones carnales y consideraciones terrenales. La familia no buscó saber la voluntad de Dios con respecto a la decisión.

Curiosamente, el nombre de Elimelec se traduce como "Hijo del Padre" o "Semilla del Padre", insinuando una semilla de grandeza en él. El nombre de Noemí, también, significa "Agradable" o "Deliciosa." A pesar de entender sus identidades y potencial, eligieron abandonar Belén—La Casa del Pan (simbólica de la voluntad y presencia de Dios)—y migraron a la maldita tierra de Moab. Aunque Moab tenía pan, carecía de la presencia de Dios. Es crucial no permitir que la búsqueda de las necesidades te desvíe de la voluntad de Dios porque apartarse puede resultar en perderlo todo.

Vale la pena señalar que Elimelec movió a su familia de Belén para evitar la hambruna, sin embargo, irónicamente, él y sus hijos aún encontraron la muerte. A menudo, lo que tratamos de escapar al salirnos de la voluntad de Dios termina encontrándonos de todos modos, ya que la verdadera seguridad solo se encuentra en la providencia de Dios.

También existe la posibilidad de que la familia de Elimelec haya sido atacada por hechicería de parte de los idólatras moabitas, lo cual podría haber sido efectivo, ya que la familia se había apartado de la protección de Dios. Recuerda cómo los moabitas contrataron a Balaam para maldecir a los israelitas, temiendo que conquistaran su tierra. Los israelitas eran ajenos a los altares impíos erigidos, los sacrificios ofrecidos y los cantos secretos dirigidos contra ellos. Sin embargo, el Señor convirtió las maldiciones en bendiciones porque estaban dentro de Su plan divino.

Los moabitas, al ver a los mismos israelitas que temían viniendo a vivir entre ellos, probablemente se sintieron amenazados. Como en Egipto, esto pudo haber desatado una guerra espiritual para evitar que los inmigrantes crecieran, ejercieran su influencia y exigieran libertad.

Además, es sorprendente que, de todos los nombres que Noemí y Elimelec podrían haber elegido para sus hijos, eligieron Mahlón y Quilión, que se traducen como "Enfermedad" y

"Desgaste". Independientemente de las circunstancias que llevaron a tales nombres ominosos, esto pudo haber influido en las muertes prematuras de los jóvenes, ya que "la muerte y la vida están en poder de la lengua" (Proverbios 18:21).

LA FUNDACIÓN DE LA ADVERSIDAD PARA LA HUMANIDAD

Apartándonos de la situación única de los moabitas y la familia de Elimelec, reconozcamos que la adversidad, en un sentido más amplio, es un resultado severo de la caída de la humanidad en el Jardín del Edén. Recuerda, Dios creó a la humanidad a Su imagen, libre de conflicto o adversidad. Él quería que los humanos vivieran abundantemente desde el principio, otorgándoles "dominio" sobre toda la creación. En Su amor infinito, Dios proveyó todos los recursos necesarios para la vida terrenal antes de crear a la humanidad, por lo que es seguro decir que la prosperidad era parte del diseño humano desde la creación.

Llevando la imagen de Dios, Su semejanza, dominio, posesiones, y siendo bendecidos con una constante comunión con Dios, la humanidad prosperó en el Jardín del Edén. Dios creó a Eva para ser la compañera de Adán y mejorar Su plan divino para la humanidad. Poco sabían ellos que perderían todas estas bendiciones debido a la astucia de la serpiente, un ángel caído expulsado del cielo por su orgullo y rebelión contra Dios.

Ahora, en la Tierra, la serpiente no pudo soportar ver a alguien disfrutar de los privilegios divinos que él había perdido. Tentó con éxito a Adán y Eva a desobedecer a Dios, lo que llevó a su caída de la gracia.

La serpiente logró sumergir a nuestros antepasados en la adversidad, despojándolos de su dignidad y abundancia. De repente, se encontraron bajo la desaprobación divina. La consecuencia última del pecado—la muerte—se manifestó, exponiéndolos a su desnudez moral y espiritual. Dios declaró que sus vidas serían marcadas por "dolor," "trabajo," "espinas" y "cardos."

Finalmente, la humanidad enfrentó una maldición, y la expulsión siguió. La humanidad fue "expulsada" del Edén y empujada hacia un futuro incierto y desafiante. Así, la adversidad comenzó su reinado, afligiendo a toda la humanidad. Nadie se salva, lo que lleva a la profunda observación de Eugene O'Neill: "Nacemos rotos. Vivimos reparándonos. La gracia de Dios es el pegamento."

SATANÁS, EL DESTRUCTOR

Las Escrituras revelan a Satanás como un ladrón que *"no viene, sino para hurtar, y matar, y destruir..."* (Juan 10:10). Este es el resumen de su ministerio astuto. Por ejemplo, cuando Dios testificó sobre la vida recta de Job, Satanás se llenó de envidia hacia él. Buscó permiso de Dios para infligirle un ataque mortal, lo que hizo que Job sufriera todas las formas conocidas de adversidad (Job 1:14-19).

Algunas personas son ignorantes de quién es el diablo y de lo que puede hacer. No saben que él inspira e incita todos los eventos destructivos y devastadores que causan muerte, destrucción y miseria.

Las Escrituras revelan además que, mientras las calamidades de Job aún estaban frescas, Satanás se encolerizó al ver que Job seguía adorando a Dios y comenzó a tramar cómo podía cortar su relación con Dios. Este es el propósito último de Satanás al traer adversidad. Pensaba que el sufrimiento haría que Job "maldijera" a Dios. Aunque Job no sabía que Satanás estaba detrás de sus aflicciones, se negó a maldecir. Como sucedió en Job 2:3-7, Satanás "hirió a Job con úlceras malignas desde la planta de su pie hasta su coronilla" e instigó a su desanimada esposa a sugerir la misma palabra y acción: "maldice a Dios y muere."

Sin embargo, Job fue más sabio. Mantuvo su fe e integridad mientras esperaba pacientemente que la temporada de adversidad cumpliera su propósito divinamente ordenado antes de que llegara una mayor temporada de prosperidad. El apóstol Santiago más tarde escribiría sobre esto, diciendo: *"He aquí, tenemos por bienaventurados a los que sufren. Habéis oído de la paciencia de Job, y habéis visto el fin del Señor; que el Señor es muy misericordioso y piadoso."* (Santiago 5:11). Oro por ti para que ni la adversidad ni los consejos erróneos de las personas te hagan volver la espalda a Dios.

LAS ELECCIONES HUMANAS

Sin embargo, el diablo no es la causa de todas las adversidades. Las elecciones humanas y los errores, como los comportamientos de riesgo para la salud, los estilos de vida pecaminosos, la negligencia, los prejuicios étnicos/raciales, el acoso, la victimización, entre otros, también son bases para la adversidad.

Aparte de los comportamientos pecaminosos, la elección de un compañero tonto desvía y lleva a la adversidad; como dice Proverbios 13:20, *"...el que anda con sabios será sabio; pero el que se junta con necios será quebrantado."* El hijo pródigo sufrió las consecuencias de esa fraternidad: perdió toda su herencia. Además, la pereza atrae la pobreza; la falta de oración permite que el enemigo siembre cizaña de problemas, enfermedad, fracaso y abortos; la imprudencia causa accidentes automovilísticos, lesiones en el trabajo, electrocuciones, entre otros; la corrupción lleva a un gobierno fallido, el deterioro de infraestructuras, el subdesarrollo y el aumento de la tasa de desempleo; la infidelidad causa matrimonios rotos; y los pactos con ídolos y demonios traen retroceso, maldición, muerte prematura y muchas otras adversidades.

Por esto debemos vivir nuestras vidas diarias con sabiduría y reflexión. Sin embargo, aunque tus errores o los de tus padres hayan traído adversidad sobre ti, no es tarde para experimentar un cambio. Con Dios, no hay casos imposibles o desesperados. Mientras hayas venido a Jesucristo, veo a Dios restaurando los muros rotos de tu vida.

TRASTORNOS GENÉTICOS

Mientras que algunas discapacidades congénitas en los bebés son atribuibles a los efectos de las drogas usadas por las madres, otras son hereditarias o debido a trastornos genéticos, como el síndrome de Down, la fibrosis quística, la anemia falciforme y el albinismo. Este fue el caso del hombre que nació ciego, a quien Jesús confirmó que no era debido a faltas humanas (Juan 9:1-3).

LA FURIA DE LA NATURALEZA

Se han escrito volúmenes sobre el cambio climático y su impacto en la existencia humana. El diseño divino del mundo es claro en Génesis 8:22: "Mientras la tierra permanezca, la sementera y la siega, el frío y el calor, el verano y el invierno, el día y la noche no cesarán." La naturaleza ha sido seriamente alterada hasta el punto de que ahora se revuelca de maneras que son perjudiciales para la existencia humana.

El cambio climático se refiere a los cambios a largo plazo en las temperaturas y los patrones meteorológicos típicos de un lugar. Mientras que los cambios naturales pueden ocurrir debido a variaciones en el ciclo solar, las actividades humanas—como la quema de combustibles fósiles como el carbón, el petróleo y el gas—son los principales contribuyentes al cambio climático. ¿El resultado? Un rápido aumento de los gases de efecto invernadero en la atmósfera de la Tierra, lo que conduce a periodos más largos de sequía y tormentas tropicales severas, gracias a las temperaturas más cálidas del agua del océano. Actualmente, millones de personas están sintiendo el impacto, literalmente, debido a temperaturas abrasadoras que causan olas de calor mortales e incendios forestales. Sin mencionar las severas inundaciones que devastaron comunidades, lo que provocó la pérdida de seres queridos, tierras agrícolas arruinadas y familias desplazadas.

Según la Organización Mundial de la Salud, el cambio climático será responsable de 250,000 muertes por año entre 2030 y 2050. Tomemos Madagascar como ejemplo. Los expertos que han visto a los locales comer cactus, hojas silvestres, langostas, cenizas mezcladas con tamarindo e incluso cuero de zapato, señalan el cambio climático y los patrones meteorológicos erráticos como los culpables de la escasez de alimentos que ha afectado a más de un millón de personas allí.

Esta es la cara de la adversidad nacida del cambio climático, una lucha global. Sin embargo, durante estas pruebas, se nos llama a recordar que Dios nos ha dado la responsabilidad de cuidar Su creación. Este es un llamado divino a la acción. Depende de nosotros proteger y salvaguardar nuestro planeta para las generaciones futuras, utilizando los recursos y conocimientos con los que Él nos ha bendecido.

PERSECUCIÓN Y LA CRUZ

La persecución es el sufrimiento por la justicia y por la causa del evangelio. Es una causa principal de adversidad para los creyentes. Puede ser leve o severa, desde abusos verbales hasta agresiones físicas, difamación, negación de derechos, ostracismo y martirio.

Curiosamente, la persecución es obligatoria para todos los discípulos de Cristo que defienden un estilo de vida piadoso en este mundo pecador. Todos los creyentes, sin excepción, sufrirán por Cristo porque el diablo odia la justicia y a Cristo, a quien los cristianos aman. Además, Cristo exige que todos Sus discípulos lleven su cruz y lo sigan. Cualquier creyente que profese pero se niegue a tomar su cruz o la deje caer no puede ser Su discípulo. La cruz, llevada y soportada con gracia, nos califica para la corona que el Señor dará a Sus peregrinos fieles.

NO PIERDAS LA FE

Si navegas por los mares agitados de adversidades personales, maritales, financieras, académicas, de salud, espirituales o ministeriales causadas por incidentes inesperados, mantén firme tu fe. No importa cuán altas sean las olas, tienes la fuerza para conquistarlas y salir más fuerte y sabio al otro lado.

Quizás estás lidiando con las consecuencias de errores pasados o enfrentando pruebas cuyos orígenes parecen desafiar la comprensión. Incluso podrías sentir que estás atrapado en un laberinto de negatividad, con cada camino llevando a un callejón sin salida. A pesar de esto, no dejes ir la esperanza. Como ha señalado perspicazmente Shawn Anchor, "Las personas más exitosas ven la adversidad no como un obstáculo, sino como un peldaño hacia la grandeza."

Gracia para Transformar la Adversidad en Prosperidad

En el reino de la gracia de Dios, la adversidad nunca es un callejón sin salida. La adversidad puede parecer un gigante imponente, imposible de superar sin gracia. Sin embargo, gracias a Dios, Su gracia abunda, siempre lista para forjar un camino para ti. El carro divino puede transportarte desde la tierra de la adversidad al reino de la prosperidad, sin dejar lugar para el arrepentimiento. Así que, mantente firme, aférrate a tu fe y recuerda: la adversidad a menudo puede ser el catalizador para el crecimiento y la transformación en el plan divino de Dios.

LEE LA MENTE DE DIOS

Nadie desea ni ora para que olas de agua del océano y enfurecidas olas arrastren a sus semejantes y sus alegrías. El fuego también es útil, pero puede ser hostil y mortal. Nadie quiere ser visitado por su ira ni desea que alguno de sus seres queridos pase por una experiencia tan dolorosa. Y aunque estés sufriendo a causa de cualquiera de estas cosas, lo cual confirma que las adversidades llegarán, es importante sintonizar y leer la mente de Dios al respecto. *"Pero ahora así dice el SEÑOR que te creó, oh Jacob, y el que te formó, oh Israel: No temas, porque yo te he redimido, te he llamado por tu nombre; mío eres tú. Cuando pases por las aguas, yo estaré contigo; y si por los ríos, no te anegarán; cuando pases por el fuego, no te quemarás, ni la llama arderá en ti... porque has sido honorable, y te he amado..."* (Isaías 43:1,2,4).

Pasarás por la adversidad, como sugiere la palabra "cuando", pero Dios también ha prometido firmemente que saldrás ileso por Su gracia especial e infalible. Y así como lo ha hecho con generaciones de creyentes fieles y firmes, Dios seguramente te dará *"belleza por cenizas, aceite de gozo por luto, manto de alabanza por el espíritu angustiado..." (Isaías 61:3).*

POR QUÉ LOS JUSTOS SUFREN ADVERSIDAD

3

"Dios no permitirá que nos lleguen problemas a menos que Él tenga un plan específico mediante el cual una gran bendición pueda salir de la dificultad." - Peter Marshall

Un comandante militar muy venerado, el rey David, una vez rompió a llorar. Estaba profundamente afligido por un crimen atroz de incendio provocado que hacía una burla de su fe en Dios y sus muchos años de conquistas militares. ¡Era impensable que Ziklag, su morada, y la de sus oficiales militares subordinados, fuera arrasada! Olía a infierno ver plumas de humo ascender al cielo sobre la ciudad de un temido comandante militar. Las lágrimas recorrían sus mejillas y fluían aún más de las de sus tenientes, quienes no regresaron al cálido abrazo de sus familias. La esposa de David y las de sus oficiales habían sido llevadas cautivas por esos atacantes, dejando atrás las cenizas de la ciudad arruinada.

Golpeados por la calamidad, algunos oficiales hablaron en susurros sobre apedrear a David. Pero él no respondió a esa explosión de emociones negativas buscando una salida. Encontrarás los detalles de este incidente y la intervención milagrosa que Dios obró en él en 1 Samuel 30. Sin embargo, una cosa que considero más sorprendente en esta historia es que Dios permitió la dolorosa y desgarradora adversidad en la vida de David, a pesar de que él fuera "un hombre conforme al corazón de Dios."

De manera similar, en Juan 11:3, se llevó a Jesús un mensaje conmovedor acerca de Lázaro: *"Señor, he aquí, el que amas está enfermo."* En otras palabras, aunque Jesús amaba profundamente a Lázaro, Él permitió que experimentara adversidad en la forma de una enfermedad grave.

En la Biblia y también en nuestro mundo moderno, a menudo vemos a los pueblos escogidos de Dios pasando por pruebas y tribulaciones. Tal vez te estés preguntando, ¿por qué sucede esto? Como ya hemos discutido, una razón es que nadie en esta Tierra está inmunizado contra la adversidad. Además, Dios permite tales desafíos para cumplir Sus propósitos divinos en nuestras vidas—propósitos que no podrían lograrse sin dificultades.

Tómate un momento para reflexionar sobre la conocida historia de la polilla emperador. Un hombre encontró un capullo de esta polilla y decidió observar su transformación. Después de que apareció una pequeña abertura en el capullo, la polilla pareció luchar durante horas, incapaz de liberarse. En un acto de supuesta bondad, el hombre cortó el resto del capullo, y la polilla emergió fácilmente. Sin embargo, su cuerpo estaba grande e hinchado, sus alas eran pequeñas y marchitas. En su ignorancia, el hombre esperaba que en unas horas las alas se expandieran con su belleza natural, pero no fue así. En lugar de convertirse en una criatura libre para volar, la polilla pasó su vida arrastrando un cuerpo hinchado y alas marchitas.

Reflexionando sobre esta historia, la autora Beth Landers dijo: "El capullo restrictivo y la lucha necesaria para pasar por la pequeña abertura son la manera de Dios de forzar el fluido del cuerpo hacia las alas. El 'corte misericordioso' fue, en realidad, cruel. A veces la lucha es exactamente lo que necesitamos."

Al considerar esta lección, volvamos al libro de Rut. ¿Por qué Dios observó desde lejos mientras Noemí, una creyente fiel con profundas raíces en su fe, perdió a su esposo y a sus dos hijos en el transcurso de una década? ¿Por qué permitió que Noemí, cuyo nombre significa "agrado," se renombrara a sí misma, Mara, que significa "amargura"?

De manera similar, ¿por qué permitió Dios que los tres jóvenes hebreos fieles entraran en el horno de fuego de Nabucodonosor, y que Daniel fuera arrojado al foso de los leones antes de intervenir? ¿Por qué permitió que Pablo enfrentara las fauces del león en Éfeso antes de liberarlo? ¿Por qué Jesús, quien guió a Sus discípulos en su viaje por el río, permitió que se desatara una tormenta mortal? Y quizás lo más personal, ¿por qué a veces permite que la adversidad rompa tu corazón y desafíe tu fe?

En tiempos de adversidad, es crucial recordar que, a veces, nuestras luchas no son un castigo, sino una preparación divina. Al igual que la polilla, podríamos necesitar estas luchas para convertirnos en lo que estamos destinados a ser en Cristo.

UNA DIVE ESPANTOSA

Al igual que Joni Eareckson, podrías tener muchas preguntas dando vueltas en tu mente. Joni quedó paralizada después de un accidente de buceo en 1967. Con su fe puesta a prueba, ella vertió un torrente de preguntas a su amigo cristiano, Steve, quien fue a visitarla.

Joni gritó: "¡No entiendo! Tenía fe en Dios antes de mi accidente. No era una mala persona. Esto no puede ser un castigo por algún pecado que haya cometido... al menos, espero que no... Si Dios es verdaderamente todo amoroso y todo poderoso, ¿cómo puede lo que me pasó ser visto como una demostración de Su amor y poder? Después de todo, Steve, si Él es todo poderoso, ¿no podría haber evitado mi accidente?"

Ella continuó: "Si Él es todo amoroso, ¿cómo puede una parálisis de por vida encajar en Su plan amoroso para mi vida? ¡No puedo entenderlo! A menos que encuentre algunas respuestas, no puedo ver cómo este supuesto Dios todo amoroso y todo poderoso es digno de mi confianza. ¿Quién tiene el control? ¿De quién es esta voluntad, de todos modos?"

Es posible que te sientas como Joni, luchando con el dolor de la adversidad y buscando respuestas en tu sufrimiento. Recuerda que incluso en nuestros momentos más oscuros, Dios está con nosotros, formándonos y guiándonos por un camino que tal vez aún no entendemos.

Dr. John Aniemeke

EL RETORNADO CAMBIADO

Comencemos a desentrañar el misterio de la adversidad mirando la escena patética del regreso de Noemí con Rut a Belén y la multitud que la recibió. Rut 1:19-21 dice: *"Y ellas dos se fueron hasta que llegaron a Belén. Y aconteció que, cuando llegaron a Belén, toda la ciudad se conmovió por ellas, y decían: ¿Es ésta Noemí? Y ella les decía: No me llaméis Noemí, llamadme Mara; porque el Todopoderoso me ha afligido mucho. Salí llena, y el SEÑOR me ha hecho volver vacía; ¿por qué me llamaréis Noemí, viendo que el SEÑOR ha dado testimonio contra mí, y el Todopoderoso me ha afligido?"*

El regreso de Noemí plantea algunos puntos importantes. Primero, ella escuchó que el Señor había visitado a Su pueblo nuevamente. Esto confirma que Dios controla todo lo que sucede a Su pueblo, incluida la adversidad. Todo lo que necesitamos es una confianza inquebrantable en Su fidelidad y la sabiduría para *"dejar que la paciencia tenga su perfecto resultado, para que seáis perfectos y cabales, no os falte cosa alguna."* (Santiago 1:4).

El segundo punto es la humildad de Noemí, que la

impulsó a regresar a casa, a pesar de la vergüenza temporal que esto podría causarle. Como hemos visto, a veces Dios permite adversidades en nuestras vidas para despertarnos a nuestra condición espiritual o a ciertos ajustes que necesitamos hacer. Debemos aprender a humillarnos "bajo la poderosa mano de Dios" para que Él nos exalte cuando llegue el tiempo (1 Pedro 5:6).

Tercero, nada puede cambiar hasta que tomemos la acción correcta hacia ello. Al igual que el hijo pródigo, Noemí no permaneció en lamentaciones sin esperanza e indecisión. Más bien, dio el paso que Dios quería que diera en ese momento. Este fue el primer paso que inició el cambio que ella y Rut eventualmente experimentaron. ¿Está el Señor diciéndote algo en particular sobre tu situación actual? ¿Lo estás escuchando? ¡Tu transformación y avance dependen de tu reacción a lo que Él te dice ahora!

ACLARANDO MALENTENDIDOS

Aunque no repetiremos las razones de la adversidad, algunas de las cuales ya han sido abordadas, es importante aclarar malentendidos sobre la adversidad, como los que

Noemí expresó en los versos que leímos anteriormente. La razón es que lo que una persona cree sobre la adversidad puede hacer o dañar su relación con Dios y con los demás. Y seguramente determinará qué tan rápido o no puedan superar.

Algunos de los malentendidos sobre la adversidad son los siguientes:

1. Dios es responsable de todo sufrimiento. Los judíos generalmente creían que Dios era responsable de todo sufrimiento. Noemí expresó esta falacia. La percepción de Job sobre la fuente de su aflicción y sufrimiento también reflejaba esta creencia general. Lo que Job no sabía era que Satanás estaba detrás de todo. Tal creencia errónea hace que las personas se amarguen innecesariamente contra Dios, lo que conduce a la retirada de la comunión, la negativa a leer Su palabra y el desdén por los ministros del evangelio.

El punto clave aquí es este: Dios no es maligno y no hace el trabajo del diablo por él. Sin embargo, el amor y la presencia de Dios con nosotros no garantizan siempre que no enfrentaremos tormentas (Marcos 4:35-41). Él es Todopoderoso y omnipotente y puede evitar tormentas y adversidades, pero no siempre lo hará—por razones que hemos considerado anteriormente y que explicaremos más adelante.

2. Todas las adversidades son malas. No. Jesús sufrió y nos dejó un ejemplo que debemos seguir en Sus pasos. Aunque no es el origen del mal, Dios puede usarlo como Su fuego refinador para producir vasos de honor (Isaías 48:18; Hebreos 12:6,10). Se dice de Charles Spurgeon que en la pared de su dormitorio había una placa con Isaías 48:10: *"Te he escogido en el horno de la aflicción."*

Respecto a este verso, él escribió: "No es poca cosa ser escogido por Dios. La elección de Dios hace que los hombres escogidos sean hombres escogidos… Somos escogidos, no en el palacio, sino en el horno. En el horno, la belleza se desfigura, la moda se destruye, la fuerza se derrite, la gloria se consume; sin embargo, el amor eterno revela sus secretos y declara Su elección aquí."

3. Los justos no deberían sufrir adversidad. Este fue el malentendido que formó las opiniones de los amigos de Job. Fueron audaces en sus argumentos para que su amigo admitiera pecados que no cometió, supuestamente llevándolo al arrepentimiento. Terminaron empeorando su condición con acusaciones infundadas. Las Escrituras dicen que muchas serán las aflicciones de los justos, pero Dios los librará.

4. La adversidad es un nemesis, el resultado de pecados personales o parentales. Los discípulos de Cristo expresaron este malentendido, y Él tuvo que corregirlos. *"Y sus discípulos le preguntaron, diciendo: Maestro, ¿quién pecó, este o sus padres, para que haya nacido ciego? Jesús respondió: Ni este ha pecado, ni sus padres; sino para que las obras de Dios se manifiesten en él" (Juan 9:2,3)*.

5. Las maldiciones ancestrales/fundacionales responsables de la adversidad no pueden ser rotas. Jabez y Rut desafiarán esa falacia. Ambos triunfaron sobre la adversidad.

6. No hay nada que pueda hacer para cambiar mi adversidad a prosperidad Eso significaría que tampoco hay nada que Dios pueda hacer al respecto. Pero dado que Él te creó con un cerebro y el poder de elegir, puedes optar por ser libre o permanecer miserable en el sufrimiento.

7. El amor y el poder de dios siempre previenen las adversidades El hecho de que Dios nos ame no siempre significa que Él evitará experiencias dolorosas. Dios no violará el poder de elección de nadie; tampoco violará Sus principios santos de causa y efecto ni de sembrar y cosechar. Por ejemplo, Cristo enseña que las personas siempre deben orar y no desmayar. Pero los creyentes que siempre duermen en lugar de orar, consciente o inconscientemente, deciden abrir la puerta al enemigo para que siembre cizaña en sus vidas, familias y negocios.

BENDICIONES DE LA ADVERSIDAD

Entonces, ¿por qué razones y bendiciones permite Dios la adversidad en la vida de Sus hijos?

Destete y preparación para el siguiente nivel.

El vínculo entre una madre y su adorable bebé es emocionalmente fuerte. Sin embargo, llega un momento en que el bebé tiene que ser destetado, movido de la comodidad de tomar leche materna a alimentos sólidos. De manera similar, la adversidad mejora el crecimiento espiritual y redirige nuestra atención al siguiente paso de la vida.

El vínculo entre Jacob y José, el hijo de su amada esposa fallecida, Raquel, floreció hasta un nivel aparentemente inquebrantable. Le regaló una túnica de muchos colores que despertó la ira de sus hermanos. De repente, la sabiduría y el amor divinos decidieron separarlo del cariño paternal y todos los afectos que disfrutaba en casa. Necesitaba ser destetado en la escuela de la adversidad y aprender las habilidades necesarias para cumplir con el sueño y destino dados por Dios que las "lecciones en casa" no podían enseñar. Dios eligió la "ira" de sus hermanos, quienes no escucharon su clamor de misericordia para dejarlo continuar en el regazo de su padre, como el vehículo hacia el nuevo destino de formación.

Conformidad a la semejanza de Cristo.

El propósito eterno de Dios para todos los creyentes es ser "conformados a la imagen de su Hijo" (Romanos 8:29). Crecimos bebiendo muchas filosofías no cristianas, tradiciones e ideas arraigadas en la mente subconsciente y manifestadas de diversas maneras. Algunas de estas se dejan atrás a través de la enseñanza escritural y oraciones; otras desaparecen con la gracia de la santificación, mientras que los restos perecen en el fuego de la adversidad. Elisabeth Elliot declara: "Él no necesariamente nos protegerá —no de nada de lo que se necesita para hacernos como Su Hijo. Mucho martilleo, cincelado y purificación por fuego tendrá que entrar en el proceso."

Cultivo y profundización de los frutos del Espíritu.

Hablando desde una experiencia personal de las duras pruebas por las que pasó, Pablo declara en Romanos 5:3-5 que *"...la tribulación produce paciencia; y la paciencia, experiencia; y la experiencia, esperanza; y la esperanza no avergüenza; porque el amor de Dios ha sido derramado en nuestros corazones por el Espíritu Santo que nos es dado"*. Madame Guyon confirma que, "Es el fuego del sufrimiento lo que produce el oro de la piedad."

Joni también vio claramente cómo estos frutos del carácter cristiano fueron cultivados en ella. Ahora artista, autora y propietaria, admitió en su testimonio ante una gran audiencia de mujeres cristianas 26 años después, en 1993: "Comencé a ver que en el accidente en el que quedé paralizada, el cielo y el infierno participaron en el mismo evento, pero por diferentes razones. Cuando tomé ese salto imprudente en agua poco profunda que causó mi cuadriplejia, sin duda, el diablo frotó sus manos de alegría, pensando para sí mismo, 'Ajá, ahora he naufragado la fe de esta chica. He destrozado sus esperanzas.

He arruinado su familia. He destruido sus sueños, y voy a burlarme de todas sus creencias en Dios.' Eso, estoy segura, fue el motivo del diablo. Recuerden, tenemos un Dios todo sabio, todo poderoso, todo amoroso que se inclina hacia nosotros, y lo que de otro modo sería un horrible mal lo arranca y lo convierte en un bien positivo para nosotros y en gloria para Él. Estoy convencida de que el motivo, propósito y plan de Dios en el accidente en el que quedé paralizada fue convertir a una niña testaruda, rebelde y obstinada en una joven que reflejaría algo de **paciencia**, algo de **resistencia**, algo de **sufrimiento** – que pondría sus **valores de vida** de cabeza y los pondría en su lugar correcto y tendría una **esperanza** optimista y viva de las glorias celestiales arriba."

Muerte y sepultura del yo.

Los agricultores que siembran semillas están familiarizados

con el principio de morir para prosperar. Entienden que la muerte engendra vida y una cosecha abundante. Las semillas deben ser sembradas o enterradas fuera de la vista en la tierra húmeda y fértil. La semilla muere completamente antes de germinar en una nueva forma. Pierde su primera vida antigua para obtener una nueva que da fruto. Este principio también se aplica a la vida cristiana que debe dar fruto para la gloria de Dios. Cristo reveló este principio espiritual cuando enseñó: *"De cierto, de cierto os digo, que si el grano de trigo no cae en la tierra y muere, queda solo; pero si muere, lleva mucho fruto. El que ama su vida, la perderá; y el que aborrece su vida en este mundo, la guardará para vida eterna" (Juan 12:24-25).*

Corrección, restauración y santidad.

La admisión de culpa de Noemí revela un propósito por el cual Dios permite que los creyentes pasen por adversidad. Ella sabía que Dios era santo y no toleraría el mal. Sabía que la hambruna era el resultado de la obediencia inconsistente de los hijos de Israel, que era un castigo justo por sus pecados.

"Antes de ser afligido, andaba errante; pero ahora he guardado tu palabra. Bueno me es haber sido afligido;

para que aprenda tus estatutos" (Salmo 119:67,71).

Aprender el arte de la guerra.

Desde 1948, cuando Israel se convirtió en un estado-nación, sus vecinos árabes decidieron borrarlo del mapa de Medio Oriente al involucrarlo en una serie de guerras, a saber, la guerra de Palestina de 1948, la guerra de Suez de 1956, la guerra de los Seis Días de 1967, la guerra de desgaste de 1969-70, la guerra de Yom Kippur de 1973, la guerra del Líbano de 1982 y la guerra del Golfo de 1991. Sorprendentemente, Israel nunca sufrió derrota en todas esas guerras.

Tan atrás como en su historia, en Jueces 3:1-4, las Escrituras dicen que Dios dejó intencionalmente "a cinco príncipes de los filisteos, y a todos los cananeos, y los sidonios, y los heveos que moraban en el monte Líbano, desde el monte Baal-Hermón hasta la entrada de Hamath" para usarlos para enseñar "a cuantos de Israel no sabían todas las guerras de Canaán... para enseñarles la guerra, por lo menos a los que antes no sabían nada de ello."

Lo que Él permite o no en nuestras vidas y a nuestro

alrededor puede ser Sus herramientas con las que Él pretende enseñarnos. Dios quería que los hijos más jóvenes de Israel aprendieran el arte de la guerra para repeler la agresión externa y preservar su herencia. Y hasta la fecha, Israel sigue siendo indomable.

Desarrollo de habilidades de liderazgo y salvación del alma.

José soportó pruebas, tentaciones, dificultades y encarcelamiento sin causa. ¿Por qué? Más tarde comprendió que Dios lo envió por ese camino difícil para preservar vidas. Isaías 48:10-11 confirma este propósito divino. "He aquí, te he refinado, pero no con plata; te he escogido en el horno de la aflicción." Un gran sueño, como el que José tenía en casa, requiere un entrenamiento riguroso y la adquisición de las habilidades gerenciales necesarias en la escuela de la adversidad.

Redirigir el contenido y las prioridades del corazón.

El corazón es engañoso y produce tal engaño en las expresiones exteriores. Pero la adversidad es una buena prueba del verdadero carácter y valores de un creyente. Dios afirmó en Deuteronomio 8:2,3 que permitió que los hijos de Israel sufrieran la falta de comida para conocer el contenido de sus corazones a través de sus expresiones bajo tal presión. Quería que supieran que "no solo de pan vive el hombre, sino de toda palabra que sale de la boca de Jehová vive el hombre."

Enfoque en lo que perdura.

La adversidad agudiza la mirada del creyente hacia el cielo. Después de 50 años en silla de ruedas, Joni dice: "La gracia suaviza los bordes de los dolores pasados, ayudando a resaltar lo eterno. Lo que te queda es una paz profunda, una alegría inquebrantable, una fe que es a prueba de todo."

Sin la cruz del sufrimiento, no hay corona, ni gemidos, ni gloria. 1 Pedro 4:13 dice:

"Pero gozaos, por cuanto sois partícipes de los padecimientos de Cristo; para que también en la revelación de su gloria os gocéis con gran alegría."

Revelación y promoción.

Las pruebas que amenazaron la vida de los tres jóvenes hebreos y Daniel revelaron al "Hijo de Dios" que vino para identificarse y tener comunión con ellos en el fuego y al ángel que Dios envió para cerrar la boca de los leones. Estas revelaciones hicieron que Dios y Su amor fueran más reales para ellos que nunca. Además, todos fueron promovidos a una posición más alta en Babilonia.

Además, la adversidad revela quiénes somos para nosotros mismos. Saca el poder interior que yace dormido antes de que la adversidad golpee. También muestra quiénes son nuestros verdaderos amigos. John Churton Collins captura adecuadamente esta verdad: "En la prosperidad, nuestros amigos nos conocen; en la adversidad, nosotros conocemos a nuestros amigos."

Manifestación del poder milagroso de Dios.

Respondiendo a la pregunta de Sus discípulos sobre el hombre que nació ciego, si sus padres pecaron para que una adversidad tan terrible le aconteciera, Jesús dijo que no era así, sino "para que las obras de Dios se manifiesten en él" (Juan 9:1-3). Albert Barnes opinó que "Es parte de Su gran plan adaptar Sus misericordias a las aflicciones de los hombres; y a menudo se permite la calamidad, la necesidad, la pobreza y la enfermedad, para que Él pueda mostrar las provisiones de Su misericordia, para que nos enseñe a valorar Sus bendiciones, y para que la profunda gratitud por la liberación nos una a Él."

DIOS ESTÁ EN CONTROL

La conclusión clave de nuestras discusiones en este capítulo es esta: no importa la interminable serie de crisis y calamidades que podamos presenciar, Dios tiene el control total del universo. Él está especialmente vigilante sobre Sus hijos, asegurándose de que nada nos suceda por accidente. Como la Biblia nos dice, "En verdad, aún los cabellos de vuestra cabeza están todos contados" (Lucas 12:7). Esto significa que incluso en medio de la ADVERSIDAD, los contratiempos y las incomodidades, podemos seguir confiados en que Dios siempre está trabajando para nuestro bien, incluso cuando nuestras circunstancias no lo sugieren de inmediato.

Así que, tarde o temprano, nos encontraremos repitiendo las palabras de Malcolm Muggeridge, quien dijo: "Contrario a lo que se podría esperar, miro hacia atrás en experiencias que en su momento parecían especialmente desoladoras y dolorosas con una satisfacción particular. De hecho, puedo decir con total veracidad que todo lo que he aprendido en mis 75 años en este mundo, todo lo que realmente ha enriquecido y esclarecido mi experiencia, ha sido a través de la aflicción y no a través de la felicidad."

No siempre es fácil verlo, especialmente cuando estamos en lo más profundo de la ADVERSIDAD, pero Dios usa estos momentos para moldearnos y enseñarnos lecciones valiosas. Su amor y cuidado son constantes, incluso cuando el camino parece rocoso e incierto.

GRACIA QUE CONQUISTA LA ADVERSIDAD

4

"Nuestras penas son todas, como nosotros mismos, mortales... Vienen, pero bendito sea Dios; también se van. Como aves del aire, vuelan sobre nuestras cabezas. Pero no pueden hacer su morada en nuestras almas. Hoy sufrimos, pero mañana nos regocijaremos." – C.H. Spurgeon

El ascenso de Rut a un destino eterno es una historia de gracia que inspira fe y esperanza en todos los que buscan superar la adversidad. En medio de una gran adversidad, ella fue expuesta a la apariencia de la gracia a través de Noemí y su familia, y la abrazó. Desde ese momento, todo cambió para su bien.

Antes de la llegada de la familia de Elimelec, Rut ni siquiera podía soñar que Dios tenía un plan especial para ella. Nunca imaginó que un día dejaría su hogar y se encontraría en Belén-Judá, bajo las alas protectoras del Dios Todopoderoso. Ella no conocía la decisión de la familia que los llevó hasta su puerta.

Esto me recuerda una ocurrencia similar en la vida de

Lidia en Macedonia. Macedonia, una provincia romana en el norte de Grecia, estaba inmersa en la idolatría. Su gente no reconocía que Dios tenía planes para ellos. Luego, de repente, Pablo recibió una visión del "hombre de Macedonia" suplicándole que viniera y los "ayudara" (Hechos 16:9). Ellos deseaban que él trajera luz a su mundo oscuro y los rescatara de la ADVERSIDAD de Satanás. Pablo no había considerado Macedonia en absoluto antes de que esto sucediera. Él y Silas habían intentado ir a Asia y Misia, pero el Espíritu Santo los detuvo.

Lidia, que vendía telas de púrpura en esta región, no sabía nada del viaje de Pablo y Silas, los portadores de la gracia de Dios. Cuando los encontró y escuchó las enseñanzas de Pablo, la salvación llegó a ella y a toda su familia, un increíble ejemplo de gracia y misericordia inmerecidas, no solicitadas.

De manera similar, cuando Elimelec y su familia dejaron Belén-Judá para ir a Moab, fue para buscar mejores oportunidades. Sin embargo, Dios tenía un plan más grande. Considerando su ascendencia, Rut tal vez no pensó que su vida tuviera mucho valor, pero Dios sabía que ella llevaba el potencial para la grandeza: la semilla de un rey. Y por Su misericordia y gracia, Él estaba decidido a asegurar que este potencial no fuera desperdiciado.

Así que, querido lector, te aseguro que hay una semilla de grandeza dentro de ti. Independientemente de tu origen o las dificultades de tu pasado, la misma gracia que encontró a Rut te está alcanzando ahora mismo. El Dios de maravillas ha comenzado a levantarte, y nada podrá detenerlo. ¡Cada ADVERSIDAD que enfrentes será transformada en un glorioso testimonio!

CAMINO EN EL TORBELLINO

Lo único único acerca de la reubicación de Elimelec y su familia a Moab, ya fuera la decisión correcta o incorrecta, fue que Dios trabajó a través de ello para sacar a Rut de una ascendencia maldita mediante el poder de Su gracia. Las Escrituras celebran el poder de Dios para caminar y obrar en situaciones adversas y tormentas para rescatar a una persona de esta manera: "El SEÑOR es... grande en poder... el SEÑOR tiene su camino en el torbellino y en la tormenta..." (Nahúm

1:3). Él es el Dios omnipotente que puede tejer un milagro a partir de cualquier error que hayas cometido en la vida.

Reinhard Bonnke, el fallecido evangelista internacional, narró una ocurrencia inusual que lo desconcertó en su libro – 'Espíritu Santo; ¿Somos inflamables o a prueba de fuego?' Él había entrado en una gran tienda de música con su ministro de música en Johannesburgo, Sudáfrica, para conseguir un buen teclado. Dijo que el vendedor no sabía que estaban probando todos los teclados disponibles. De repente, apareció y pareció sorprendido al exclamó: "¡Señor, puedo ver a Jesús en tus ojos!"

Reconociendo la presencia del Espíritu Santo allí, Bonnke tuvo que predicar y guiar a los presentes a Cristo. Mientras caminaba de regreso a su coche, seguía preguntándose: "Señor, nunca entenderé. ¿Cómo puede un total desconocido acercarse a mí y decirme, 'Puedo ver a Jesús en tus ojos'?" De repente, el Espíritu Santo le dijo: "Jesús vive en tu corazón, y a veces le gusta mirar a través de las ventanas."

Años después, Bonnke conoció a la esposa del vendedor, quien dijo que su marido siguió a Jesús por el resto de su vida. La decisión de ir de compras fue de Bonnke, pero Dios trabajó a través de ella para salvar a alguien del pecado.

Jesús vive en los creyentes y puede manifestar Su presencia y misericordia a través de nosotros en cualquier momento y en cualquier lugar sin violar nuestro poder de elección.

VER A DIOS EN LA ADVERSIDAD

Rut vio a Dios en la vida de Noemí, su suegra. A menudo es difícil imaginar que Dios está presente con las personas que están pasando por adversidad. Aquellos que suponen que solo la paz y la prosperidad señalan la presencia de Dios suelen sentirse confundidos por la adversidad, lo que les hace lamentar: "Dios, ¿dónde estás?"

Sin embargo, la verdad es que Dios es omnipresente. Él está particularmente presente con Sus hijos y no se aleja de ellos solo porque enfrenten dificultades. Siempre es fiel a Su promesa de nunca dejarlos ni abandonarlos:

"Cuando pases por las aguas, yo estaré contigo; y por los ríos, no te anegarán; cuando pases por el fuego, no te quemarás, ni la llama arderá en ti." (Isaías 43:2).

Recuerda esto, querido lector; el Señor te acompaña en cada circunstancia. Estuvo en el foso de los leones con Daniel y en el horno de fuego con Sadrac, Mesac y Abed-nego, protegiéndolos del daño. Cristo estaba en el mismo barco con Sus discípulos cuando una tempestad amenazó con engullirlos. Incluso en esta adversidad, permaneció sereno, manteniendo el poder y la autoridad para someter la tormenta hasta que llegara el momento adecuado. Mientras Sus discípulos estaban llenos de miedo, el tranquilo Cristo calmó la tormenta.

Noemí mantuvo su gracia y tranquilidad frente a la adversidad, y su conducta piadosa influyó profundamente en Rut. Su justicia inquebrantable a lo largo de diez años de dolor y pérdida transmitió un testimonio más convincente que cualquier sermón elocuente. Noemí sentó las bases para la fe de Rut, fomentando una relación espiritual de madre e hija que se convirtió en un vínculo formidable de gracia.

Noemí compartió su fe, ¡y Rut abrazó la esperanza vibrante que ella ofrecía! Esto ilustra la belleza de las relaciones y amistades piadosas que nutren la fe. Tales relaciones pueden soportar la prueba del tiempo y demostrar un valor incalculable en tiempos de dificultad. En cambio, las amistades superficiales a menudo resultan en amigos de buen tiempo que están ausentes o son ineficaces cuando surgen las tormentas de la vida.

Como debe ser, tanto Rut como Noemí fueron finalmente bendecidas a través de esta relación mutuamente edificante. A través de Noemí, Rut se conectó con la gracia que reposicionó su destino. Fue a través de Noemí que ella penetró y se ajustó con éxito a la sociedad judía y a sus normas culturales. Y fue a través de Noemí que obtuvo la información y el consejo que necesitaba para iniciar y gestionar su relación con Booz. Rut 3:1-6, por ejemplo, dice:

"Entonces Noemí su suegra le dijo: Hija mía, ¿no te buscaré yo descanso, para que te vaya bien? Y ahora, ¿no es Booz de nuestros parientes, con cuyos criados estuviste? He aquí que él trillará esta noche la cebada en la era. Lávate,

pues, y unge tu rostro, y vístete tu manto, y desciende a la era; pero no te hagas conocer del hombre hasta que haya acabado de comer y beber. Y cuando él se acueste, notarás el lugar donde se acueste, y entrarás, y descubrirás sus pies, y te acostarás; y él te dirá lo que has de hacer. Y ella le respondió: Haré todo lo que me has dicho. Y ella descendió a la era, e hizo conforme a todo lo que su suegra le había mandado."

Por otro lado, Rut ofreció a Noemí el apoyo, consuelo y compañía que ella necesitaba desesperadamente después de la muerte de su esposo e hijos. Finalmente, Rut sacó a Noemí del valle de desesperación y desolación en su vejez al darle descendencia. Como narra Rut 4:13-17:

"Y Booz tomó a Rut, y ella fue su esposa; y cuando él entró a ella, el SEÑOR le dio concepción, y ella dio a luz un hijo. Y las mujeres dijeron a Noemí: Bendito sea el SEÑOR, que no te ha dejado hoy sin pariente que su nombre sea famoso en Israel. Y él será para ti restaurador de la vida, y sustentador de tu ancianidad; porque tu nuera, que te ama, la cual es mejor para ti que siete hijos, le ha dado a luz. Y Noemí tomó al niño, y lo puso en su regazo, y fue su

nodriza. Y las vecinas le pusieron nombre, diciendo: Le ha nacido un hijo a Noemí, y le pusieron por nombre Obed; él es el padre de Isaí, el padre de David."

Esto, nuevamente, muestra el poder de la compañía piadosa en la vida en general. La elección de la compañía a menudo influye en la dirección del destino de una persona. Si me muestras a las cinco personas más cercanas a ti, fácilmente te diré hacia dónde se dirige tu vida. Esto es especialmente cierto porque, te guste o no, hay cosas que sucederán que sacudirán tu fe. Y en ese momento, necesitas personas que te den fuerza y apoyo. Pero si las personas a tu alrededor son débiles, cuando tú caes, todos caen. Oro para que esto no sea tu porción.

ACTIVADORES DE LA GRACIA

Antes del plan de Noemí de regresar a su hogar, Rut había sido profundamente influenciada por su comportamiento lleno de gracia y entregó su vida a Dios. Había decidido no separarse nunca de Él ni del instrumento que la condujo hacia Él. En esencia, ella experimentó a Dios y a la gracia en medio de la adversidad.

La gracia en la vida siempre la distingue de muchas otras personas que no han sido tocadas por ella. Dos mujeres, Rut y Orfa, tuvieron la misma oportunidad y privilegio de asociarse con embajadores de la gracia. Una se abrió a la influencia de la gracia y fue transformada por ella, mientras que la otra no fue afectada por ella. No es sorprendente que nunca más se escuchó nada de Orfa. La gracia, de hecho, es lo que marca la diferencia en la vida de una persona. El apóstol Pablo dio testimonio de esto en su vida personal, diciendo: *"Pero por la gracia de Dios soy lo que soy, y su gracia que ha sido derramada sobre mí no ha sido en vano; antes he trabajado más abundantemente que todos ellos; aunque no yo, sino la gracia de Dios que está conmigo."* (1 Corintios 15:10).

Con todo respeto, se necesita una gracia genuina, fe y fidelidad para aferrarse a una viuda que está de luto, angustiada y pobre, viajando hacia su hogar, un lugar previamente desconocido. Se necesita fe profunda y virtud para dejar una tierra llena de pan cierto hacia otra donde la noticia del pan no había sido completamente confirmada. *"Y Rut dijo: No me ruegues que te deje, ni que me aparte de ti; porque adondequiera que tú fueres, iré yo; y dondequiera que vivieres, viviré; tu pueblo será mi pueblo, y tu Dios mi Dios: Donde tú murieres, moriré yo, y allí seré sepultada; así me haga Jehová, y aún me añada, que sólo la muerte hará separación entre nosotras."* (Rut 1:16-18). Los atributos en la vida de Rut que activaron la gracia que cambió su destino para ella incluyen:

1. Su decisión de hacer al Dios de Noemí su Dios. Esta decisión no fue tomada en un momento de prosperidad o facilidad. No se basó en las cosas efímeras de este mundo, sino en la gracia y el poder de Dios que había visto en su suegra.

2. Su confesión de fe en Dios. Ella creyó en Dios con todo su corazón y lo confesó abiertamente. Las Escrituras afirman en Romanos 10:9-10 que la confesión de fe en la muerte y resurrección de Cristo resulta en una experiencia de salvación y justicia.

3. Su separación del mundo. Noemí se equivocó al pensar que Rut estaba interesada en verla a pocos metros de distancia en su viaje de regreso. Pero, como sucedió, ella ya había decidido separarse del estilo de vida pecaminoso en Moab. Permanecer pegado al pecado y al mundo no es prueba de la presencia de la gracia de Dios. O, *"¿continuaremos en pecado para que la gracia de Dios abunde? ¡No! ¡De ningún modo!"* (Romanos 6:1-2).

4. Su apego para recibir enseñanza espiritual. Rut no conocía a nadie más en Moab que conociera a Dios y pudiera enseñarle Su camino. Separarse de Noemí era como morir espiritualmente. Así que, se negó a ser persuadida de regresar a Moab y siguió apegándose a Noemí. Solo las personas con experiencia espiritual dudosa y mentes inestables ceden a persuasiones impías en tiempos de adversidad.

5. Su permanencia en la comunión con el pueblo de Dios. La búsqueda de Rut de mantener la comunión con el pueblo de Noemí, los hebreos, es peculiar; peculiar en el sentido de que no los conocía y nunca había estado en Belén. Algo similar ocurrió cuando descendió el poder pentecostal en Jerusalén, cuando el poderoso sermón de Pedro, que convenció y convirtió almas, llevó a tres mil personas al Señor. Los conversos del avivamiento, provenientes de diversas naciones, *"perseveraban en la doctrina de los apóstoles, en la comunión, en el partimiento del pan y en las oraciones. Y todos* *los que creían estaban juntos, y tenían todo en común" (Hechos 2:42,44).*

6. Su seguimiento constante. Rut le dijo a Noemí que no cedería ante todas las razones dadas para disuadirla de dejar Moab. Noemí vio claramente que ella estaba "fijamente decidida" y la dejó. Rut 1:19 revela: *"Así que ambas fueron hasta que llegaron a Belén."* Cristo afirma que la evidencia de que una persona ha recibido Su gracia salvadora es seguirlo (Juan 10:27).

7. Su consagración de toda una vida sin reservas. La consagración de Rut fue total y de todo corazón. Decirle a una viuda pobre: "Donde tú mueres, moriré yo, y allí seré sepultada; así me haga Jehová, y aún me añada, que sólo la muerte hará separación entre nosotras," fue con una comprensión completa de todas las implicaciones de la viudez. Incluso decidió su lugar de entierro, cerca del de Noemí. No entretuvo pensamientos de autocompasión ni de un futuro regreso a Moab. Quemó el puente detrás de ella.

8. Su nuevo lenguaje de amor sincero y compromiso
Rut aprendió el lenguaje escritural de la afirmación de la verdad

por un juramento como algo inmutable. La declaración, "así me haga Jehová, y aún me añada," era la forma en que los judíos juraban en el nombre de Dios para mantenerse firmes y comprometidos con una decisión o causa, o servir el castigo más severo por retractarse.

Estas historias nos enseñan que Rut abrió su corazón al poder transformador de la gracia de Dios y fue eternamente bendecida por hacerlo. Se ha dicho que no importa cuán fuerte aprietes una naranja, su jugo sigue siendo dulce. A pesar de su dolor y tristeza, Rut no dejó que sus lágrimas de adversidad oscurecieran su reconocimiento y aceptación de la gracia de Dios. Esa misma gracia sigue disponible para ti hoy. ¡Abrázala, valórala y aférrate a ella, tal como lo hizo Rut, y podrás anticipar un giro extraordinario incluso en las situaciones más difíciles!

ACTITUDES ERRÓNEAS EN LA ADVERSIDAD

5

"Cómo manejamos el sufrimiento está directamente relacionado con nuestra visión de Dios. La mayoría de los cristianos que profesan su fe creen en el poder soberano de Dios, pero en realidad no actúan como si creyeran que Dios es completamente soberano." – Steve Swartz

La ignorancia del propósito inherente y el poder de la adversidad a menudo lleva a muchas personas a comportamientos negativos. En esos momentos, algunas personas arruinan relaciones y oportunidades que deberían haberles servido como salvavidas y apalancamiento en la adversidad. Desconociendo esto, "Cuando una puerta de la felicidad se cierra, otra se abre, pero a menudo miramos tanto la puerta cerrada que no vemos la que se ha abierto para nosotros."

Hellen Keller, quien hizo la afirmación anterior, habló desde una experiencia personal de caminar con la adversidad desde el vientre hasta el mundo real. Nació ciega y sorda. Su triste experiencia no fue obra suya ni consecuencia de alguna mala acción. La vida simplemente le ocurrió. No fue fácil crecer, pero mantuvo viva la esperanza a través de sus luchas, creyendo que había lecciones que aprender de su situación. Se mantuvo resiliente a pesar de todo en la escuela de la adversidad hasta que se convirtió en una educadora de renombre mundial y defensora de los derechos de las personas con discapacidad.

Todo esto ocurrió porque Keller tuvo la actitud correcta hacia la adversidad. Por eso la Biblia dice: *"Hermanos míos, tened por sumo gozo cuando os halléis en diversas pruebas, sabiendo que la prueba de vuestra fe produce paciencia. Pero tenga la paciencia su obra completa, para que seáis perfectos y cabales, sin que os falte nada." (Santiago 1:2-4).*

Por otro lado, las actitudes erróneas que pueden prolongar la adversidad o impedir que cumpla su propósito ordenado por Dios en la vida de uno incluyen:

Autocompasión.

Algunas personas nunca logran ver ni disfrutar las bendiciones divinas incrustadas en su situación adversa porque se permiten ser abrumadas por las emociones y finalmente sucumben a la autocompasión. La verdad es que la adversidad siempre llega a los hijos de Dios con "perforaciones" divinas para dejar entrar algunos rayos de luz y esperanza. Lamentablemente, algunos permiten que la autocompasión les cierre los ojos a estos rayos divinos y se sumergen más en la oscuridad de la depresión y la desesperación.

Hagar, la criada de Abram que dio a luz a Ismael, estaba tan cegada por sus lágrimas que no pudo ver la solución cercana. En lugar de activar su recurso interior, su intuición, ella deseó la muerte de su bebé, dejándolo tirado en total desesperación. Hagar se rindió y se entregó al destino. Su llanto ni siquiera fue dirigido a Dios para pedir ayuda; fue un acto de autocompasión. Ella y su bebé lloraban, pero el llanto de Ismael fue dirigido a Dios, y eso fue lo que Él escuchó y decidió intervenir. *"Y oyó Dios la voz del muchacho; y el ángel de Dios llamó a Hagar desde el cielo, y le dijo: ¿Qué tienes, Hagar? No temas; porque Dios ha oído la voz del muchacho en donde está." (Génesis 21:17).*

Dudas e incredulidad.

Las dudas y la incredulidad impiden la recuperación de la adversidad. Aquellos que aceptan que su situación no puede cambiar no harán nada para superar o mejorar sus condiciones. No creer que puedes convertirte en un héroe desde un punto de partida cero te hará quedarte estancado en tu estado actual. Tal mentalidad te debilitará para intentar transformar tu adversidad en prosperidad. Aquí tienes un refuerzo de fe: Dios no prometió adversidad, pero usa la adversidad para desarrollar la tenacidad, capacidad y destreza que dan lugar a la prosperidad. Tu desafío actual tiene beneficios para ti al final.

Desaliento.

Las dificultades y los cruces de caminos realmente atormentan la mente, pero no se debe permitir que esto conduzca al desaliento. La Biblia dice: "Si te desanimas en el día de la adversidad, tu fuerza es pequeña." (Proverbios 24:10). El desaliento trae debilidad de espíritu, de modo que servir a Dios y confiar en Sus promesas se vuelve difícil. Aún peor, causa que uno sea más vulnerable a los ataques y manipulaciones satánicas. Si no se tiene cuidado, la persona puede terminar incitada contra Dios o llevada a tomar "atajos" impíos que, finalmente, resultan ser más destructivos.

Los israelitas permitieron que los empujaran a esta pendiente resbaladiza de desaliento, y la mayoría terminó pereciendo en el desierto de la adversidad.

"Y toda la congregación levantó su voz, y lloraron; y el pueblo lloró esa noche. Y todos los hijos de Israel murmuraron contra Moisés y contra Aarón; y toda la congregación les dijo: ¡Ojalá hubiésemos muerto en la tierra de Egipto! ¡Ojalá hubiésemos muerto en este desierto! ¿Por qué nos ha traído el SEÑOR a esta tierra, para caer a espada, que nuestras mujeres y nuestros hijos sean por presa? ¿No sería mejor para nosotros volver a Egipto? Y se dijeron unos a otros: Hagámonos un capitán, y volvamos a Egipto. Entonces Moisés y Aarón cayeron sobre sus rostros delante de toda la asamblea de la congregación de los hijos de Israel... Y el SEÑOR habló a Moisés y a Aarón, diciendo: ¿Hasta cuándo he de soportar a esta malvada congregación que murmura contra mí? He oído las murmuraciones de los hijos de Israel, que murmuran contra mí. Diles: Vive yo, dice el SEÑOR, que como habéis hablado en mis oídos, así haré yo con vosotros: Vuestros cadáveres caerán en este desierto; y todos los que fuisteis contados, según

vuestro número, desde los veinte años arriba, los que habéis murmurado contra mí, sin duda no entraréis en la tierra, de la cual juré haceros habitar en ella, salvo Caleb hijo de Jefoné, y Josué hijo de Nun." (Números 14:1-30).

¡Evita el desaliento a toda costa!

Agresión transferida y amargura.

No transfieras la agresión a los demás durante tus momentos difíciles, ya que nunca sabrás quién quiere Dios usar para ayudarte a superar la adversidad y experimentar la recuperación. No agrupar a todos en el mismo molde desde tu estrecha perspectiva de sufrimiento. Incluso aquellos que te acusan erróneamente y alegan que tú eres la causa de tu sufrimiento (como los amigos de Job) no deberían hacerte amargado, aunque deben mantenerse a distancia. Recuerda que a Job se le pidió que orara por ellos antes de que su adversidad fuera revertida.

Retiro y depresión

Algunas personas, en la encrucijada de la vida, continúan llorando y lamentándose hasta que la preocupación y la ansiedad comienzan a instalarse. Otros empeoran las cosas al retirarse de las personas, incluyendo miembros de la iglesia y actividades eclesiásticas. Se deprimen en amargura hasta caer aún más en la depresión. Esta no es una actitud ganadora. David, como se mencionó en un capítulo anterior, fue tentado a mostrar una reacción similar cuando Ziklag fue saqueada y quemada, y su familia y la de sus compañeros fueron llevados. Sin embargo, con ánimo, no cedió al retiro ni a la depresión. Actuó de una manera que confirma la observación de Roy T. Bennett de que "Las tormentas golpean tu debilidad, pero desbloquean tu verdadera fuerza."

David de repente se dio cuenta de que necesitaba iniciar el proceso de recuperación de la devastación. Primero, se animó a sí mismo para ver el lado positivo de la vida, seguir adelante y recuperar a sus esposas e hijos. Puedes animarte a ti mismo con Escrituras como el Salmo 42:5,7: *"¿Por qué te abates, oh alma mía? ¿Y por qué te turbas dentro de mí? Espera en Dios, porque aún he de alabarle por la ayuda de su rostro. Profundidades llaman a las profundidades a la voz de tus cascadas; todas tus olas y tus ondas han pasado sobre mí."*

En segundo lugar, recordó su relación de pacto con Dios. En tercer lugar, oró a Dios y preguntó a la fuente correcta de conocimiento sobre la posibilidad de recuperar todo. Cuarto, recibió la seguridad de Dios que lo animó a embarcarse en una nueva expedición militar para la recuperación. Quinto, fue observador para encontrar y usar el enlace con los agresores, desplegando tácticas militares. Sexto, mostró amabilidad y cuidado al soldado amalecita débil y abandonado encontrado en el campo. Séptimo, movilizó y lideró a sus hombres en la acción real de la guerra. Así es como se gana en la adversidad y no cediendo al retiro y la depresión.

Ceder a la presión y consejos erróneos

La adversidad trae mucha presión para comprometer nuestra fe y valores. El enemigo particularmente aprovecha la vulnerabilidad que viene con la adversidad para traer sugerencias y consejos erróneos a través de los cercanos. A veces, sin embargo, algunos de esos consejos pueden venir de personas que parecen genuinamente preocupadas por nosotros. Pueden decirnos que bajemos nuestras convicciones, moderemos nuestra postura sobre la integridad o que tomemos nuestra dedicación a las cosas de Dios de manera más ligera. Detrás de todo esto, sin embargo, está el enemigo tratando de atacarnos.

Jesús rápidamente identificó esta trampa cuando Pedro intentó disuadirlo de ir a la cruz. Mateo 16:21-23 narra: "Desde entonces comenzó Jesús a declarar a sus discípulos que le era necesario ir a Jerusalén, y padecer mucho de los ancianos, y de los principales sacerdotes, y de los escribas, y ser muerto, y resucitar al tercer día. Entonces Pedro le tomó a parte, y comenzó a reprenderle, diciendo: Señor, ten compasión de ti; no te acontezca esto. Pero él se volvió, y dijo a Pedro: Quítate de mí, Satanás; me eres tropiezo; porque no pones la mira en las cosas de Dios, sino en las de los hombres."

De manera similar, tenemos el ejemplo de Job, quien se negó a escuchar el consejo apresurado de su esposa para "maldecir a Dios y morir." Además, como hemos visto repetidamente, Rut se negó a seguir el consejo de Noemí de regresar a Moab, a pesar de la sombría imagen que ella pintó.

Tristemente, sin embargo, algunas personas se comportan como Orfa. Según Rut 1:11-14:

"Y Noemí les dijo: Volveos, hijas mías, ¿por qué habéis de ir conmigo? ¿Hay aún en mis entrañas hijos que puedan ser vuestros maridos? Volveos, hijas mías, idos, porque yo soy demasiado vieja para tener marido. Si dijera que tengo esperanza, y si tuviera marido esta noche, y además diera a luz hijos; ¿habíais de esperarlos hasta que fuesen crecidos? ¿Habíais de quedaros sin casaros por ellos? No, hijas mías; que mucho me duele por vosotros que la mano de Jehová ha salido contra mí. Y ellas alzaron su voz, y volvieron a llorar; y Orfa besó a su suegra; pero Rut se aferró a ella."

Consejos erróneos en la adversidad, incluso de personas bien intencionadas, pueden ser desastrosos para nuestro avance y recuperación.

Tomar atajos

Como vimos en la historia de la polilla y el capullo, los atajos pueden ser destructivos, si no mortales. Alguien dijo una vez: "He descubierto que tomar atajos te lleva al lugar donde no quieres estar mucho más rápido de lo que te lleva al lugar donde quieres estar." Esto es lo que a menudo les ocurre a las personas que pasan por adversidades. Por impaciencia, quieren tomar lo que parece el camino fácil o rápido para salir de su situación, pero el resultado de esto siempre ha sido lamentable.

Sara y Abraham cayeron en esta trampa; la consecuencia fue una crisis marital y un arrepentimiento duradero. Génesis 16:2-4 dice:

"Y Sarai dijo a Abram: He aquí que el SEÑOR me ha impedido tener hijos; te ruego que te llegues a mi sierva, quizá podré tener hijos por ella. Y Abram oyó la voz de Sarai. Y Sarai, mujer de Abram, tomó a Agar, su sierva egipcia, después que Abram habitó diez años en la tierra de Canaán, y la dio a Abram, su marido, para que la tuviera por mujer. Y él se llegó a Agar, la cual concibió; y cuando vio que había concebido, fue despreciada en sus ojos por su señora."

Lo que Sara consideró un camino fácil se convirtió en una fuente de ridículo para ella y una fuente de arrepentimientos para generaciones venideras. También vimos anteriormente cómo las hijas de Lot drogaron a su padre para tomar el atajo de concebir y tener descendencia. Pero los hijos que produjeron resultaron ser malditos, quienes serían una espina perpetua en la carne del pueblo de Dios.

Los atajos han acortado la vida y el destino de muchas personas, y ciertamente no querrás que el tuyo sea parte de esas estadísticas. El antídoto es la paciencia. Como dice la Escritura:

"Porque os es necesaria la paciencia, para que, habiendo hecho la voluntad de Dios, obtengáis la promesa. Porque aún un poquito, y el que ha de venir vendrá, y no tardará. Ahora, el justo vivirá por fe; pero si se retira, no agradará a mi alma." (Hebreos 10:36-39).

LA CERTIDUMBRE DE TU TESTIMONIO

La fidelidad de Dios brilla incluso cuando enfrentas adversidades, no importa lo difíciles o implacables que parezcan. Las tormentas y los contratiempos no pueden alterar la naturaleza inmutable de Dios ni Su amor por ti. Puede ser difícil entender esta verdad durante los tiempos difíciles, pero Él nos ha dado una promesa firme: *"Porque yo sé los pensamientos que tengo acerca de vosotros... pensamientos de paz, y no de mal, para daros el fin que esperáis." (Jeremías 29:11).*

Esta promesa no fue solo para los hijos de Israel, a quienes Dios les habló estas palabras durante un período desafiante de su historia. Esta promesa es también para ti. Así como ellos finalmente vieron esta promesa cumplida, así tú experimentarás la gracia y misericordia de Dios.

Cuando tus pruebas se encuentran con la gracia transformadora de Dios, se convierten en una fuente de luz y testimonio. Es como los terminales negativos y positivos de una batería que crean luz: tienen que trabajar juntos. Como la Biblia nos enseña: *"En el día de la prosperidad goza del bien, y en el día de la adversidad considera: Dios también ha puesto lo uno junto al otro..." (Eclesiastés 7:14, Darby).*

La versión King James nos dice que *"Dios también ha puesto lo uno contra lo otro..."* lo que sugiere que están destinados a interactuar. La fascinante y contraintuitiva verdad es que el gozo y la adversidad operan de manera conjunta, tal como lo ha establecido Dios. ¡Para aquellos que caminan con Dios, el dolor florece en gozo y la adversidad se convierte en un poderoso testimonio!

PASOS HACIA EL AVANCE EN LA ADVERSIDAD

6

"No cargues con el problema; utilízalo. Toma lo que sea que pase – justicia e injusticia, placer y dolor, halagos y críticas – intégralo en el propósito de tu vida y haz algo con ello. Conviértelo en testimonio." – E. Stanley Jones

Rut alcanzó alturas sin precedentes en la vida y la eternidad por el poder de atributos virtuosos y los principios de la gracia. Tu cambio imparable es tan seguro como tu disposición para conocer y aplicar los principios que ella aplicó. Y puedo ver a nuestro Dios imparcial convirtiendo la adversidad en prosperidad en tu vida, como sucedió con Rut.

Si te entregas al adiestramiento de la gracia siguiendo los principios del favor que funcionaron para Rut, también funcionarán para ti. Puede que te sorprenda cómo Rut superó a otras mujeres para obtener un favor tan extraordinario que la levantó de la tristeza y la vergüenza a una nueva plataforma de consuelo y suficiencia. Aún así, un testimonio mayor se está preparando para ti.

Para activar tu testimonio y transformación, haz lo siguiente:

Toma decisiones piadosas.

Lograr la grandeza es un viaje intencional, no un accidente afortunado. Nuestras decisiones dan forma a nuestras vidas profundamente, determinando si superaremos la adversidad o caeremos bajo ella. Como dijo acertadamente Cameron C. Taylor: "Cada vez que tomamos una decisión, estamos moviéndonos hacia la libertad y la prosperidad o hacia la esclavitud y la miseria."

La vida de Rut es un ejemplo brillante de tomar decisiones centradas en Dios. Desde la valiente decisión de dejar el culto idolátrico de su pueblo y unirse al pueblo de Dios, ella tomó decisiones consistentemente que demostraron un corazón enfocado en Dios. Somos moldeados por nuestras decisiones, así que esfuérzate por tomar decisiones que te acerquen a Dios y cultiva relaciones que profundicen tu fe en lugar de alejarte de Él.

Hablando más tarde sobre la decisión de Rut, Boaz dijo:

"Me han contado todo lo que has hecho por tu suegra desde la muerte de tu marido, cómo dejaste a tu padre, madre y tu tierra natal y viniste a vivir con un pueblo que no conocías antes. Que el Señor te recompense por lo que has hecho. Que seas ricamente recompensada por el Señor, el Dios de Israel, bajo cuya alas has venido a refugiarte."
(Rut 2:11-12, NIV).

Deja el pasado atrás y sé positivo.

Querido amigo, no dejes que el aguijón de la adversidad te haga amargado, enojado, resentido, suspicaz, desanimado, frustrado o deprimido. Estos sentimientos negativos pueden intensificar el dolor de la adversidad.

Imagina esto: Un hombre, a tan solo tres meses de casado en julio de 2022, decidió jugar al fútbol con sus amigos en Tai Po, Hong Kong. Sorprendentemente, a los 20 minutos del juego, se desplomó y cayó en coma. En el hospital cercano, fue declarado muerto. Doce horas después, su nueva esposa se quitó la vida, ahorcándose en el baño con una cuerda de nailon. Su nota de suicidio reveló su desesperación por la muerte repentina de su esposo y su sentimiento de pérdida sin él.

Rut experimentó un dolor similar. Sin embargo, no permitió que la tristeza de perder a un ser querido destruyera su espíritu. Que su firmeza y la bendición que siguió sean una inspiración para ti. Hoy, a diferencia de los tiempos de Rut, tenemos la promesa de Dios de sanar a los quebrantados de corazón (Isaías 61:1; Lucas 4:18). El matrimonio de Rut con Mahlón, el hijo de Noemí, fue trágicamente interrumpido, pero ella se negó a dejar que esa adversidad le robara la esperanza de un futuro más brillante.

Rut se mantuvo fuerte incluso cuando la muerte golpeó cruelmente de nuevo, reclamando al hermano menor de su difunto esposo, y amenazándola con un futuro de pobreza. No señaló con el dedo ni culpó a nadie. En ciertas culturas, particularmente en algunas partes de África, una joven viuda podría haber comenzado a sospechar de su suegra de brujería, culpándola de las tragedias. Pero Rut se mantuvo con la cabeza fría. Es como si viviera bajo el mismo principio que el apóstol Pablo expresó en Filipenses 3:13: *"Una cosa hago: olvidando lo que queda atrás, y extendiéndome a lo que está delante."* Sin esta actitud de mirar hacia adelante, tal vez no habría decidido acompañar a Noemí a su tierra natal.

Reposición para la prosperidad, basada en la información correcta adquirida y procesada.

En economía, un factor necesario para la viabilidad de cualquier emprendimiento empresarial es su proximidad tanto a las fuentes de materias primas como al mercado para la venta del producto. Es el estudio de viabilidad el que revela esta información necesaria. Este principio también es aplicable cuando estás en adversidad. No importa cuál sea tu situación actual, puedes obtener información relevante en la que actuar para obtener resultados sobresalientes. La casa que alquilas y dónde, el lugar para construir tu casa y vivir, y, por supuesto, quedarte en el trabajo o buscar otro no deben ser decisiones accidentales, sino informadas.

Ruth, por ejemplo, procesó y aprovechó la información disponible para ella. Ella estuvo al tanto de la misma información que llegó a Noemí en Moab: *"El SEÑOR había visitado a su pueblo dándoles pan" (Rut 1:6).* ¿Dónde más debía vivir si no donde Dios estaba bendiciendo a su pueblo? Permanecer en la tierra maldita de Moab habría empeorado su adversidad. Así que actuó con base en la información y se mudó con su suegra a Belén, donde su historia de vida cambió para siempre!

Mantén tu resolución con valentía.

El impacto que produce la adversidad inesperada puede paralizar la mente, especialmente cuando las incertidumbres parecen ser más grandes que cualquier rayo de esperanza para una solución. Pero debes entender que la apariencia no es la realidad y no debe afectar tu decisión de seguir a Dios.

Rut no vaciló en su resolución de viajar con Noemí a Belén y vivir el resto de su vida para Dios allí. No hubo vuelta atrás ni repensar esa decisión como lo habría hecho una persona de mente cambiante. Ella podría haber elegido opciones aparentemente sabias y racionales para una vida sin estrés. Pero desechó el miedo a lo desconocido, lo que no ayuda a nadie a superar la adversidad. Luchó contra sus miedos y rechazó una avalancha de pensamientos que sugerían el camino de la facilidad.

Soporta el dolor con perseverancia y persistencia.

La declaración de propósito de Rut atestigua su resistencia

y disposición para perseverar hasta que haya un resultado positivo. Ella soportó el dolor de la viudez y la pobreza y resolvió continuar viviendo con Noemí.

Sin embargo, ten en cuenta que todos los que soportan la adversidad se aferran a algunas expectativas basadas en la fe y resultados. Una, se aferran a algunas promesas de Dios, como tenemos en el Salmo 30:5 que dice: *"El llanto puede durar una noche, pero la alegría viene por la mañana"* y en Job 14:7 que dice: *"Porque hay esperanza para el árbol, si se corta, volverá a brotar, y su rama tierna no cesará"*. Dos, se aferran a los ejemplos de aquellos que han superado adversidades más graves. Tres, también tienen pasión y una resolución a prueba de hierro. Permíteme citar el ejemplo de Thomas Edison, quien soportó el dolor de fracasos y frustraciones repetidos, y finalmente triunfó mediante la perseverancia y persistencia. Aparte de que una vez le dijeron que era "demasiado estúpido para aprender algo", falló 999 veces antes de poder inventar una bombilla incandescente funcional que hoy ha impactado a toda la humanidad. Cuando le preguntaron sobre sus repetidos fracasos, dijo: "No he fracasado. Simplemente he encontrado 999 formas que no funcionan". Persistió y triunfó.

Cuatro, también se aferran a palabras de aliento de quienes los rodean. Una frase que fortaleció a Joni Earickson Tada durante la agonía de la parálisis vino de un querido amigo cristiano, Steve Estes: "Dios permite lo que odia para cumplir lo que ama". Así que, no tires la toalla; Dios está a punto de intervenir en tu situación. Si estás seguro, puedes sentir a Dios, mantente en el carro; mantente en la lucha; mantente en el camino. Si perseveras, puedes triunfar.

Valora y cultiva buenas relaciones.

Una buena relación es clave para vivir una vida significativa. Fue la escalera de buenas relaciones que José construyó durante la adversidad (en prisión) la que usó para ascender al palacio de la prosperidad. Una relación piadosa es el mejor fondo que puedes gastar en cualquier país. Por lo tanto, no estés tan triste y desanimado hasta el punto de despreciar, ignorar o maladministrar relaciones, sino cultívalas con otros creyentes, especialmente aquellos que son fundamentales para que conozcas a Dios y te integres en el cuerpo de Cristo.

Rut no pudo ser persuadida para abandonar a Noemí. Algunas personas en una situación similar solo esperan la menor excusa para huir o separarse. Rut se aferró a Noemí y a Dios en lugar de regresar a su pueblo. El camino fácil habría sido despedirse de Noemí y dejarla resolver su vida. Pero eligió el amor y la vida por encima de la desesperación y la tristeza.

Además de aferrarse a Noemí, Rut mantuvo una buena relación con las personas en Belén. No era una marginada social: melancólica, grosera, suspicaz o altiva. Tenía una buena reputación entre la gente donde vivía, una buena reputación que preparó el corazón de Booz, quien eventualmente se casó con ella.

Usa tu tercer ojo.

La fe ha sido descrita como el tercer ojo del creyente, con el cual ve y entiende las realidades espirituales. La fe es la creencia en la existencia de un Ser Supremo que conoce todas las cosas, puede hacer todas las cosas y está en todas partes. Es confiar en Su misericordia, amor y fidelidad para actuar siempre en nuestro favor cuando lo buscamos y hacer incluso más de lo que pedimos o pensamos. Sin fe, no podemos recibir nada de Dios, ni agradarlo. Pero con ella, podemos ver al Dios invisible actuando de acuerdo con Sus promesas. Así que, no te desanimes, abre tu ojo de fe para ver que Dios está a punto de intervenir en tu situación.

No había medios de sustento para Rut y Noemí. ¡Sin embargo, la fe de Rut estaba firmemente puesta en Dios! Eligió la fe y la incertidumbre con el Dios de Israel y Su pueblo por encima del miedo y la certeza de lo común en Moab. Ver un futuro glorioso desde el valle de dolor y adversidad requiere un ojo de fe. Por eso le dijo a Noemí que evitara persuadirla con apelaciones a su inclinación femenina y deseo de casarse y tener hijos. Su fe demostró que se produjo una transformación en su vida, un encuentro genuino con Dios que la obligó a seguirlo. Decidió no retroceder. Tal consagración es aceptable ante los ojos de Dios. Su fe firme debió haber capturado la atención del cielo. 2 Crónicas 16:9 dice: *"Porque los ojos del Señor recorren toda la tierra para fortalecer a aquellos cuyo corazón es completamente suyo" (NVI).*

Activa tu recurso interior.

Algunos recursos internos permanecen dormidos en todos, incluyendo a ti, hasta que la adversidad golpea. Por eso alguien ha dicho que la adversidad revela la personalidad de las personas ante sí mismas. Roy T. Bennett refuerza esto al decir: "El desafío y la adversidad están destinados a ayudarte a saber quién eres. Las tormentas golpean tu debilidad, pero desbloquean tu verdadera fuerza".

Aunque estés abatido ahora, no estás vacío, inútil ni sin esperanza. Hay un cociente de adversidad y un instinto de supervivencia en ti que debes activar para tu supervivencia y prosperidad. Los expertos dicen que todos tienen un cociente de adversidad: la medida de la capacidad de una persona para sobrellevar la adversidad y un instinto de supervivencia que se activa en los seres humanos y animales para hacer cosas en situaciones peligrosas para sobrevivir.

En 1982, se informó de que una mujer estaba trabajando en un automóvil cuando los gatos fallaron y el automóvil cayó sobre su hijo adolescente. En ese instante, una oleada de adrenalina y fuerza vino de la nada; levantó el Chevy Impala 1964 de encima de él.

El posicionamiento adecuado de Rut no proporcionó automáticamente la comida que ambas mujeres necesitaban para vivir. Ella tomó la iniciativa al pensar en una solución, que presentó a Noemí: "Déjame ir a los campos y recoger los restos de grano detrás de cualquiera en cuyos ojos encuentre favor". Noemí le dijo: "Ve, hija mía". Entonces salió, entró en un campo y comenzó a recoger lo que quedaba detrás de los cosechadores. Como resultado, estaba trabajando en el campo de Booz, que era del clan de Elimelec (Rut 2:2,3). Usa lo que tienes para conseguir lo que necesitas. Tienes habilidades innatas, talentos y fuerza física para ayudarte a sobrevivir a cualquier crisis. Washington Irving capturó esta verdad: "Hay en el corazón de toda mujer verdadera una chispa de fuego celestial que permanece dormida a plena luz del día de la prosperidad, pero que se enciende, brilla y arde en la oscura hora de la adversidad".

Humíllate ante Dios y ante los hombres.

Ser humilde es ser bajo, modesto y sin pretensiones en actitud y comportamiento. Nada estropea una relación más rápido que el orgullo. Fue la razón por la que Lucifer fue expulsado del cielo permanentemente. Proverbios 13:10 dice: *"El orgullo solo engendra contiendas..."*

Rut fue humilde y dispuesta a servir a Noemí. Ella

presentó una propuesta a Noemí sobre su próximo curso de acción para salvar la situación y recibió aprobación antes de emprender la ejecución. ¡Cuando una mujer es humilde, Dios derrama más gracia sobre su vida y carácter en todas partes! Según 1 Pedro 5:5-6:

> *"Asimismo, vosotras, los más jóvenes, estad sujetos a los ancianos; y todos, sumisos unos a otros, vestidos de humildad, porque 'Dios resiste a los soberbios, y da gracia a los humildes'. Humillaos, pues, bajo la poderosa mano de Dios, para que Él os exalte cuando fuere tiempo."* Rut pidió y recibió permiso de su suegra antes de salir de la casa. Esta es una lección que las contrapartes de Dina no querrían aprender, pero siempre es bueno hacerlo.

Con corazón humilde, Rut estaba dispuesta a comenzar de nuevo de manera pequeña. No le importaba recoger los restos de grano detrás de los cosechadores para obtener lo que quedaba (Rut 2:3). El orgullo mantiene a algunas personas en la pobreza porque no quieren comenzar de manera humilde, olvidando la palabra de Dios que dice: *"Aunque tu principio haya sido pequeño, Tu postrera condición será muy grande"* (Job

8:7, NVI). Algunos otros encuentran difícil someterse bajo la tutela de un maestro que podría ser más joven para entrenarse como aprendices.

Involúcrate en trabajo legítimo.

Hay dignidad en el trabajo, y el mejor momento para demostrarlo es durante la adversidad. Si puedes ser trabajador en la adversidad, cuando el beneficio no es mucho ni garantizado, es una señal de que puedes manejar fácilmente la grandeza.

Incluso si una maldición responsable de tu adversidad se rompe a través de la intervención divina, solo serás liberado para trabajar con tus manos. La liberación no pone automáticamente comida sobre la mesa ni algunos billetes en tu bolsillo. Por lo tanto, es útil ser diligente y trabajador.

Rut no fue pasiva; no puso su vida en modo automático ni en animación suspendida. Algunas personas interpretan erróneamente Eclesiastés 9:11 *"La carrera no es para los veloces, ni la batalla para los fuertes, ni el pan para los sabios, ni la riqueza para los inteligentes, ni el favor para los aprendidos, sino que el tiempo y el azar ocurren para todos".* Piensan que esto significa "lo que será, será". Pero Rut entendió el "tiempo" y el "azar" como regalos con los que hacer el impacto más significativo en la vida.

Cada día, todos tenemos las mismas 24 horas, siete días a la semana y cincuenta y dos semanas al año. Estas son nuestras oportunidades para hacer que nuestras vidas sean significativas y productivas. Dentro de este tiempo, debemos aprovechar conscientemente las oportunidades, privilegios y oportunidades para mejorar nuestras vidas personales y familiares. Como dijo Christopher Rice: "Cada día es una cuenta bancaria, y el tiempo es nuestra moneda. Nadie es rico; nadie es pobre, tenemos 24 horas cada uno."

A pesar de su adversidad, Rut aprovechó su tiempo, saliendo a trabajar y recogiendo grano con dignidad. Aunque había venido de un lugar de abundancia, estaba lista para trabajar su camino de regreso a la prosperidad. Las palabras de Donald Kendall son ciertas: "No hay lugar en el que el éxito llegue antes que el trabajo, excepto en el diccionario." Rut encarna a la mujer virtuosa descrita en Proverbios 31. No estaba ociosa ni usando su trágica historia para ganar simpatía o manipular a otros para obtener favores.

Significativamente, mientras trabajaba arduamente, Booz notó a Rut y le otorgó favor (Rut 2:4-10). El favor de Dios rara vez encuentra a los que están ociosos porque Dios valora la diligencia. Muchos personajes bíblicos que encontraron el favor de Dios y fueron llamados a roles más altos eran personas que trabajaban diligentemente. Moisés encontró la zarza ardiente mientras cuidaba su rebaño (Éxodo 3:1-2). Gedeón fue llamado y empoderado mientras trillaba trigo (Jueces 6:11-14). Saúl fue ungido mientras buscaba los asnos perdidos de su padre (1 Samuel 9:1-20). Y, por supuesto, muchos de los discípulos de Jesús estaban ocupados en su trabajo cuando Él los llamó.

Así que, aquí está la lección: incluso en tiempos de adversidad, no te quedes sentado sin hacer nada. Involúcrate en trabajo legítimo, no importa cuán pequeño pueda parecer. Y llamó a sus diez siervos, les entregó diez minas, y les dijo: *"Ocupad hasta que yo vuelva."* (Lucas 19:13). ¡Tu temporada de favor divino puede estar más cerca de lo que piensas!

CLAVES ADICIONALES PARA EL ROMPIMIENTO EN LA ADVERSIDAD

7

"La adversidad, que parece y se siente como un enemigo tan determinado, puede convertirse en un valioso aliado. Solo tú puedes decidir qué será." - Joni Eareckson Tada

Además de los poderosos secretos revelados en el capítulo anterior, también encontrarás útiles las siguientes lecciones de la vida de Rut para transitar de la adversidad a la prosperidad:

Encuentra y explora las oportunidades existentes.

La capacidad de buscar información sobre las oportunidades y privilegios existentes hará una gran diferencia en tu vida, carrera y ministerio. Rut era una extraña, pero descubrió que existía el privilegio de "recoger espigas" entre el pueblo de Dios, una provisión para el sustento de los pobres entre Su pueblo. Además, ella fue intencional en explorar esto pidiendo un favor a los segadores para que la dejaran recoger espigas mientras cosechaban su grano. He aquí lo que sucedió, según la cuenta de las Escrituras en Rut 2:4-10:

"Y he aquí, Boaz vino de Belén, y dijo a los segadores: El SEÑOR esté con vosotros. Y ellos respondieron: El SEÑOR

te bendiga. Y Boaz dijo a su criado que estaba sobre los segadores: ¿De quién es esta joven? Y el criado que estaba sobre los segadores respondió y dijo: Es la Moabita que volvió con Noemí desde el país de Moab. Y dijo: Te ruego que me dejes recoger espigas entre las gavillas, tras los segadores. Y vino y ha estado desde la mañana hasta ahora, y descansó un poco en la casa. Y Boaz dijo a Rut: Oye, hija mía, no vayas a recoger en otro campo, ni pases de aquí, y aquí estarás con mis criadas. Mira bien el campo que segan, y síguelas. ¿No he mandado yo a los criados que no te molesten? Y cuando tengas sed, ve a las vasijas y bebe de lo que los criados saquen. Entonces ella se postró sobre su rostro, e hizo reverencia a tierra, y le dijo: ¿Por qué he hallado gracia en tus ojos, para que me reconozcas, siendo yo extranjera?" (Rut 2:4-10).

Sé respetuoso y cortés.

Respeta a las personas que te rodean y muestra cortesía. Rut mostró respeto a los segadores en su elección de palabras, diciendo: *"Te ruego que me dejes recoger..."* (Rut 2:7). Ella manejó el favor que Dios ya le había concedido siendo cortés y respetuosa con Boaz. En Rut 2:8-13:

"Y Boaz le dijo a Rut: Oye, hija mía, no vayas a recoger en otro campo, ni pases de aquí, y aquí estarás con mis criadas. Mira bien el campo que seguen, y síguelas. ¿No he mandado yo a los criados que no te molesten? Y cuando tengas sed, ve a las vasijas y bebe de lo que los criados saquen. Entonces ella se postró sobre su rostro, e hizo reverencia a tierra, y le dijo: ¿Por qué he hallado gracia en tus ojos, para que me reconozcas, siendo yo extranjera? Y Boaz respondió y le dijo: Me ha sido contado todo lo que has hecho por tu suegra desde la muerte de tu marido, y cómo dejaste a tu padre y a tu madre y la tierra de tu nacimiento, y has venido a un pueblo que no conocías antes. El SEÑOR recompense tu obra, y tu galardón sea cumplido por el SEÑOR, Dios de Israel, bajo cuyas alas has venido a refugiarte. Y ella dijo: Déjame hallar gracia en tus ojos, señor mío, porque me has consolado y hablado de manera amigable a tu sierva, aunque no soy como una de tus siervas."

¡Las palabras de Rut fueron sazonadas con gracia y comprensión! No fue arrogante ni grosera. Como creyente, se te instruye en Colosenses 4:6 a "Que vuestra palabra sea siempre con gracia, sazonada con sal, para que sepáis cómo debéis responder a cada uno." Mostrar tal respeto es una evidencia de humildad, ¡y la humildad es una buena gestora del favor!

Muestra amor y amabilidad.

Elige amar a Dios y a los demás a tu alrededor, independientemente de la severidad de tu sufrimiento. El odio y la amargura hacen daño, pero el amor y el perdón sanan. Mark Manson dice: "Todo en la vida se gana superando la experiencia negativa asociada." El amor y la amabilidad son claves para superar la adversidad, como se destacó antes en los casos de José y David. Curiosamente, Dios ha diseñado el amor para que no se apague en el fuego de la adversidad. Cantares 8:7 dice: *"Las muchas aguas no podrán apagar el amor, ni los ríos lo ahogarán..." (NVI)*.

Rut continuó mostrando amabilidad a Noemí en casa. Ella comía en el campo y traía porciones a casa para Noemí (Rut 2:17,18).

Las virtudes de Rut convergieron en su amor por Noemí.

Dios la usó para renovar, revivir y sostener a su suegra, que de otro modo habría muerto en tristeza y sin ser celebrada. La cortesía sincera y de corazón, el respeto y la amabilidad hacia todos fueron su estilo de vida. No hubo servilismo en su relación con todos los que tocó. Todos somos creados y diseñados para amar y ser amados. Si hay algo, solo unas pocas personas podrán resistir el poder del amor genuino. Conmovida por el amor de su nuera, Noemí comenzó a pensar en un bien mayor para Rut. Era un plan para conseguirle una estabilidad matrimonial. Ella dijo: *"Hija mía, ¿no debo buscar descanso para ti, para que te vaya bien?"*

Mantén integridad y rectitud.

Algunas personas son pobres para gestionar los pequeños favores que se les brindan, especialmente por parte del género opuesto. Como resultado, bajan la guardia, comienzan a coquetear y pierden todo por falta de integridad y rectitud. La integridad es el estilo de vida consistente y moralmente recto por el que una persona es conocida.

Rut mantuvo su integridad y rectitud. Ella era justa, siempre actuando y viviendo para agradar a Dios, no a sí misma. Esto se mostró cuando visitó la casa del grano de noche.

"Y cuando Boaz comió y bebió, y su corazón estuvo contento, se fue a acostarse al final del montón de grano; y ella vino suavemente, y destapó sus pies, y se acostó. Y aconteció que a medianoche el hombre se estremeció, y se volvió, y he aquí, una mujer estaba acostada a sus pies. Y él dijo: ¿Quién eres tú? Y ella respondió: Yo soy Rut, tu sierva; extiende, por tanto, tu manta sobre tu sierva, porque tú eres pariente cercano. Y él dijo: Bendita seas tú del SEÑOR, hija mía, porque has mostrado más bondad al final que al principio, al no haber ido tras los jóvenes, sean ricos o pobres. Y ahora, hija mía, no temas; haré contigo todo lo que me pides, porque toda la ciudad de mi pueblo sabe que eres una mujer virtuosa." (Rut 3:7-11)

La rectitud trae exaltación y favor, pero el pecado trae deshonra y vergüenza (Proverbios 14:34). Incluso si has fallado como joven viuda, aún puedes recuperar tu gloria perdida volviendo al Señor.

Vive una vida disciplinada de contentamiento y coraje.

Ser disciplinado es comportarse de manera controlada y tranquila en todo momento, incluso en tiempos difíciles. Esto hace que una persona mantenga altos valores morales por encima de los más bajos, sin importar las probabilidades. El contentamiento es la satisfacción tranquila con la propia personalidad, habilidades y logros, mientras se busca la mejora y el avance. El coraje es la valentía para enfrentar dificultades, incertidumbres y el dolor sin desviarse del camino o causa elegidos. La negligencia, la avaricia y el miedo roban a las personas que sufren adversidad de la fuerza para mantener el enfoque y el impulso en el camino elegido.

Volviendo al comentario de Boaz sobre Rut, él dijo: *"No has corrido tras los jóvenes, sean ricos o pobres."* ¿Cómo lo sabía? Si ella hubiera sido promiscuo, la información se habría esparcido igualmente sobre ella. Pero ella mantuvo una vida disciplinada de contentamiento con el coraje de superar la adversidad.

Rompe las tradiciones inhibidoras con buen propósito y consejo.

Los judíos operaban un sistema patriarcal, donde las relaciones sociales estaban dominadas por los hombres. Solo los varones tomaban esposas en ese entorno, no al revés. Y a lo largo de la Biblia, ninguna mujer virtuosa jamás le propuso matrimonio a un hombre. Así que la propuesta matrimonial de Rut a Boaz se convirtió en una excepción.

Rut no estaba allí para tramar un plan para seducir a Boaz hacia la inmoralidad sexual. No, ella fue instruida sobre la tradición judía del redentor del patrimonio de los muertos por parte de Noemí. No habría estado allí por la noche sin la directiva de su suegra. Y su misión o propuesta era recordar y urgir a Boaz a obedecer la instrucción de Dios sobre la herencia en Deuteronomio 25:5-10. Boaz observó que Rut era decente, pura, contenta y noble; no había corrido tras los jóvenes ricos o pobres.

Sé presentable.

Sería mejor aprender a ser limpio, agradable, atractivo y oler bien. Algunas personas olvidan que se dice que la limpieza es el siguiente paso hacia la piedad y aparecen desaliñadas y desordenadas. Edith Head reveló el poder de la vestimenta apropiada diciendo: "Puedes tener todo lo que quieras en la vida si te vistes para ello." Dado que la gracia es limpia y pura, los creyentes no pueden ser seductores en su vestimenta y comportamiento. Por eso Tom Ford una vez dijo: "Vestirse bien es una forma de buenos modales." Y la posesión de gracia en el espíritu de una persona debe coincidir con una apariencia externa igualmente limpia, fresca y respetuosa.

Es imprudente estropear la atmósfera de favor con un olor repulsivo. Cuando Rut fue a ver a Booz, se vistió de manera apropiada y modesta, siguiendo el consejo de su suegra:

"Lávate, ungiéndote y ponte tus mejores ropas" (Rut 3:3 – NVI).

Sé resiliente.

La resiliencia es la capacidad de recuperarse rápidamente de los contratiempos y adaptarse y afrontar la adversidad. Necesitas comprender tus fortalezas y debilidades, regular tus emociones, pensamientos y comportamientos, tomando respiraciones profundas y redirigiendo tus pensamientos de la adversidad hacia la belleza de la naturaleza, escuchando música, viendo una película, participando en el servicio de adoración, visitando orfanatos, etc. Algunos expertos también sugieren escribir en un diario, replantear pensamientos, hacer ejercicio, pasar tiempo al aire libre, socializar, centrarse en los pasos para resolver problemas, fortalecer las relaciones sociales existentes y construir nuevas, y utilizar los talentos y fortalezas para buscar soluciones. Rut fue resiliente porque ejemplificó estos atributos.

Sé responsable y enseñable.

Rut dio retroalimentación a Noemí y siguió su consejo de esperar. En Rut 3:16-18, dice:

> *"Y cuando llegó a su suegra, le dijo: ¿Quién eres tú, hija mía? Y ella le contó todo lo que el hombre había hecho por ella. Y le dijo: 'Estas seis medidas de cebada me dio, porque me dijo: No vuelvas a tu suegra con las manos vacías.' Entonces Noemí le dijo: 'Sienta tranquila, hija mía, hasta que sepas cómo se resolverá el asunto, porque el hombre no descansará hasta que termine el asunto hoy.'"*

Booz cumplió su promesa. Primero necesitaba presentar la

oferta de herencia del difunto Mahlón al pariente más cercano, quien era el siguiente en la línea. Solo cuando él rechazó la propuesta, el derecho de redención pasó a ser de Booz. El drama que se desarrolló entre Booz y el otro pariente se llevó a cabo en la puerta de la ciudad. Noemí y Rut no estuvieron presentes. Afortunadamente, el pariente más cercano rechazó, lo que allanó el camino para que Booz se casara con Rut (Rut 4:1-10).

Sé paciente y esperanzado.

La paciencia es crucial en todos los aspectos de la vida, particularmente en las relaciones. La impaciencia ha saboteado innumerables relaciones y continuará haciéndolo si las personas no buscan la guía de creyentes experimentados y guiados por el Espíritu. Algunas personas prefieren la gratificación instantánea de la comida rápida en lugar de la nutrición de una comida equilibrada que toma tiempo preparar. Un dicho bien conocido enfatiza el valor de la paciencia: 'El perro paciente recibe el hueso más grande.' La esperanza es la expectativa confiada de un evento o resultado positivo. Donde hay esperanza, debe haber paciencia para esperar un futuro mejor. Rut abrazó esta idea de la paciencia y mantuvo viva su esperanza de encontrar el amor nuevamente.

Se mantuvo comprometida con su camino, tratando a su suegra con respeto, amabilidad y amor, incluso en medio de la adversidad. Rut confió pacientemente en el tiempo de Dios para su vida, en lugar de intentar forzar las cosas con Booz. La gracia y los principios por los que vivió hablaron mucho sobre su carácter, reforzando la idea de que las acciones hablan más que las palabras. Como dijo Ralph Waldo Emerson: "Lo que haces habla tan fuerte que no puedo escuchar lo que dices."

Celebra tu cambio.

Es maravilloso experimentar un cambio después de haber soportado pacientemente y aprovechado al máximo la temporada de adversidad. La alegría y el regocijo llenan el alma en un momento así. La risa se vuelve espontánea y, a veces, las lágrimas de alegría fluyen en agradecimiento por ser tan bendecido de salir victorioso.

La victoria es dulce, pero el precio a menudo es alto. Al salir victorioso —y ciertamente lo serás, por el poder de la gracia de Dios— saborea el momento y celébralo con alegría y agradecimiento *"al Rey eterno, inmortal, invisible, el único sabio Dios..." (1 Timoteo 1:17).*

CONCLUSIÓN

DEJA QUE LA ADVERSIDAD TE CONSTRUYA, NO TE ROMPA

William Arthur Ward dijo correctamente: "La adversidad causa que algunos hombres se rompan; otros rompen récords". Ruth eligió pertenecer al segundo grupo. Encontró amor y abundancia nuevamente después de atravesar las tormentas de la adversidad. ¿Estaba soñando? No, la asombrosa gracia la sacó de la pobreza de la nada y la recolección de sobras a la prosperidad de ser propietaria y convertirse en co-propietaria de la riqueza de Booz. Los judíos que asistieron a la ceremonia de bodas le hicieron elogios y pronunciaron bendiciones. Fue como una lluvia de bendiciones para la conexión favorecida con Booz.

"Entonces los ancianos y todo el pueblo en la puerta dijeron: 'Somos testigos. Que el Señor haga a la mujer que entra en tu

casa como a Raquel y Lea, quienes juntas edificaron la familia de Israel. Que tengas posición en Efratá y seas famoso en Belén. Que tu familia sea como la de Fares, a quien Tamar dio a luz para Judá'" (Rut 4:11-12).

Como suele ocurrir con todos los campeones del destino, la adversidad en la vida de Rut terminó. Expiró a través del matrimonio con el redentor cercano.

"Entonces Booz tomó a Rut, y ella fue su esposa; y cuando él se llegó a ella, el Señor le dio concepción, y ella dio a luz un hijo. Y las mujeres dijeron a Noemí: 'Bendito sea el Señor, que no te ha dejado hoy sin un redentor, para que su nombre sea famoso en Israel. Y él será para ti restaurador de tu vida, y sustentador de tu vejez; porque tu nuera, que te ama, y que es mejor para ti que siete hijos, le ha dado a luz. Y Noemí tomó al niño, lo puso en su regazo, y fue su nodriza. Y las vecinas de ella le pusieron nombre, diciendo: 'Le ha nacido un hijo a Noemí'; y le pusieron por nombre Obed; él es el padre de Isaí, el padre de David'" (Rut 4:13-17).

Y así será para ti también, querido lector. Tu temporada de adversidad está llegando a su fin, y un nuevo amanecer de gracia y gloria está en el horizonte. Aunque el dolor dure toda la noche, la alegría llega por la mañana. Pero, al igual que Rut, debes tomar una decisión firme: ¡DEJA QUE LA ADVERSIDAD TE CONSTRUYA, NO TE ROMPA!